유비백세

인생의 중반에서 생각하는 8인8색 공감 메시지

# 유비백세

有 備 百 歲

유지수  윤소정  황순유  송하영  이호경  김경태  부정필  황운연

당신은 어떻게 100세 시대를 준비하고 있습니까?

# 有備無患 百歲無難

흔들의자

유비무환 백세무난
# 有備無患 百歲無難

미리 준비하면 걱정할 일이 없듯
100세 시대 특별한 어려움이 없다.

## 8인의 중장년이 '남은 인생' 방향성을 제시하다.

이 책은 어떻게, 왜 나오게 되었을까?
문득 흔들의자의 주축을 이루는 4~50대 저자들의 생각이 궁금했다.
100세 시대라는데, 남은 인생을 어떻게 살아낼지 묻고 싶었다.

카톡! 카톡!
'100세 시대를 어떻게 살아낼 것인가'란 컨셉으로
책을 내려고 합니다. 참여 의향이 있으신가요?

가져보지 않은 것을 가지려면 해보지 않은 것을 해야 한다.
90여 명의 저자 중, 예상치를 웃도는 여덟 분이 참여했다.
서로서로 잘 모르지만 '100세 시대'를 화두로 3~5꼭지를 자유롭게 쓰고,
돈이나 건강 등 한쪽으로 쏠리는 소재의 겹침만 피하면 되었다.
모두 출간 경험이 있으니 원고 분량이나 일정은 단톡방에서
협의가 이루어지고 책이 나올 때까지 과정은 무난했다.

저자의 직종은 다양하다.
아나운서, DJ, 피아니스트도 있고, 한의사, 초등 교사, 직장인
그리고 정년 퇴임 후 꽃꾼으로 사는 교장 선생님도 있다.
화려해 보일 수도 있는 직업도 있지만 책으로 맺어진
인연을 되짚어보면 모두 평범한 직장인이며 소시민이다.

이 책은 노년·노후·은퇴 후 삶을 다룬 책이 아니다.
4~50대 인생의 중반에서 중장년층이 생각하는
'남은 인생을 어떻게 살아낼 것인가'에 대한 방향성이다.

쓴 사람도 읽는 사람도 하는 일이며 생각, 상황도 다르겠지만,
같은 시대를 사는 엇비슷한 중장년 세대의 생각에 공감하면서
막연했던 '남은 인생 준비'에 타산지석他山之石의 계기가 되길 바라는 마음이다.

책을 쓴 사람도 보는 사람도 '남은 인생, 부디 꽃길만 걸으시길…'.

_흔들의자 (발행인)

[차례]

# 유지수

## 젊은 백세의 탄생

연차가 부끄러운 만 18년 차 CBS 아나운서. 사람들을 관찰하고 맞장구치는 일. 라디오 DJ는 사실 음악을 핑계로 일상을 들여다보며 감정의 물결을 나누는 사람이다. 그 일을 해온 지 20년 가까이. 결국 우리의 고민은 잘 살다 가는 것인 걸 깨닫는다. 그것은 현재를 내주지 않으면서 지금을 즐기는 거다. 멋지지 않은 오늘일지라도 가장 좋은 오늘, 그리고 나. 이것만으로도 충분히 가치 있는 우리이다. 오늘도 하루에 충실하며, 더 나은 어른을 꿈꾼다.

2004년 11월 CBS 아나운서로 입사해 여러 라디오 음악 프로그램을 진행했다. 현재 팝송 프로그램인 98.1 mhz CBS 라디오에서 '유지수의 해피송'을 진행 중이다. 저서로 《팝의 위로》, 《아나운서 절대로 하지 마라》가 있다. 2022년 아나운서대상 음악부문 <라디오 진행상>을 수상했다.

유비백세–有備無患 百歲無難

# 100을 앞두고

100은 완결하다.

100은 중요한 단위이고 백점은 무결한 점수다.

100은 많다는 뜻으로,

다양성의 의미로도 쓰인다.

100은 좋은 것이다.


칸 영화제 신인상 수상자인 하야카와 치에 감독의 영화 [플랜 75].

일흔다섯 이상의 노인들에게 정부가 안락사를 권하는,

실제로는 강요에 가까운 이야기의 영화이다.

세계에서 가장 빠르게 초고령화 사회에 진입한 일본은

2021년 65세 이상 고령 인구 비율이 29.1%로 역대 최고치를 기록했다.

이들 중 75세 이상은 '후기 고령자'다.

감독은 '후기 고령자'라는 단어의 느낌이 불편해 이 영화를 기획했단다.

 나이가 드는 것이 민폐가 되는 공동체.

늙지 않은 지금도 뿌리 내리기 겁나는 사회 아닐까.


오래 살고픈 욕망은 당연함에도 나이 듦에 대한 이야기는 보통 암울하다.

돈과 건강이 문제라는데,

이 둘이 충족되면 노년은 즐거울까.

행복한 백 세는 어떻게 탄생하는 것일까.

그 시작은 바로 지금부터다.

유지수-젊은 100세의 탄생

# 1. 감각, 늘리고 늘이기

말을 업으로, 그것도 생방송에서 입을 열고 생각을 전하는 나는 요즘 고민이 있다. 할 말이 있는데 당최 단어가 떠오르지 않는다는 것. 그것도 꽤나 자주. 생방 중 어느 뮤지션에 대해 아는 척이 하고 싶은데 그의 이름이 떠오르지 않는다. 좀 전에 흐른 노래가 쓰인 영화에 대해 말하고 싶은데 역시 가물가물하다. 나이 탓이라고, 다들 그러고 산다고, 그러면서 세월을 받아들인다고 위안을 삼을 수도 있다. 그렇지만 세월에 순응하기에는 아직 젊고 할 수 있는 것도 많다. 뭔가 아쉽다. 지금보다 더 잘 할 수 있는 것도 분명 있는데.

나이 듦에 따라 말귀도 어두워지고 표현이 둔해지는 건 해결 불가능의 것이 아니다. 더 자주 보고 더 많이 듣고 더 느껴봤다면 머뭇

유비백세-有備無患 百歲無難

거림도 분명 줄었을 것이다. 내 버벅임의 원인은 한 마디로 자극이 부족하기 때문이다. 한번 말할 걸 두세 번 말해봤더라면 생방에서 바보 같은 머뭇거림은 적었을 텐데. 더 자주 머릿속으로 되감고 더 많이 정보에 노출되어야 했는데 뇌가 필요로 하는 자극의 빈도를 채우지 못했다.

세월에 정비례하게 더 많이 더 다양하게 감각을 열고, 밀려들어 오는 대상에 내 몸을 맡겨야 한다. 때로는 귀찮고 무의미하게 여겨질 수도 있지만 정성을 다한 음식이 깊은 맛을 내듯 즐거운 자극은 마음과 몸을 다해 반겨줘야 한다. 그것이 깨어있음의 방증이고 매일 매일 깨어나는 확실한 길이다. 순간순간의 감각을 믿고 따르자. 종교로 모셔도 좋다. 날로 녹스는 감각을 환원시키는 방법은 계속 사용해서 녹슬 시간을 주지 않는 것이니까. 자꾸 무뎌지는 감성을 한 올 한 올 깨워야 한다.

감각은 몸의 일처럼 보이는 두뇌 작용 아니겠는가. 코로 향을 맡아도 판단은 머리 몫이다. 어느 소설가는 글을 잘 쓰는 비법으로 오감을 총동원하라고 조언한다. '파란 하늘과 하얀 구름'이 아니라 '선명한 파란 보자기에 달콤한 토끼 꼬리 같은 구름'처럼 묘사하길 추천한다. 여러 감각이 공존하면 내용도 더 풍부해지고 전달력이 높아진다. 시각, 미각, 촉각 등 감각을 다양하게 쓸수록 좋다. 독자의 상상력을 최대로 끌어올리고 2차원의 세계를 3차원, 4차원으로 구현한다. 실제 세상보다 더 황홀한 혹은 더 강렬한 상황을 전달할 수 있다. 아직 도달하지 않은 우리의 노년도 이와 다르지 않다. 단순하고 평면적이지 않게 가꾸어야 한다. 입체적으로, 때로는 잘 짜인 미로처럼, 우리의 미래는 흥미로워야 한다.

봄이면 꽃이 핀다. 꽃을 본다. 사진으로 저장한다. 더 나아가 꽃을 보고 느낀 감상을 새로운 방식으로 표현해보면 어떨까. 덜 익숙한, 낯선 표현방식을 찾아보는 거다. 누군가에게 말로 전달해도 좋지만, 번번이 대화 상대를 찾기가 어렵다면 글로 남겨본다. 처음에는 엄두가 안 날 수도 있다. 하지만 시작만 하면 그다음은 이어지기 마련이다. 운문도 좋고 산문도 좋다. 다양한 형태의 글로. 자연 그대로의 날 것을 '나'라는 필터로 걸러보자. 이곳저곳 커뮤니티에도 올리고 개인 SNS에도 실어본다.

꼭 글일 필요도 없다. 그림도 좋고 음악도 좋다. 몸을 쓰는 일, 춤이면 더 환영이고 단순한 움직임만이라도 훌륭하다. 음악을 틀어놓고 혼자 흔들어대는 것도 환상적인 나의 표현방식이고 감각의 산물이다. 간단한 앱을 이용해 회화 혹은 곡을 써보는 것도 추천한다. 음식으로 내 생각과 감성을 보여주는 것은 심지어 이타적이다. 유명 레스토랑의 계절 메뉴처럼, 백반집 제철 음식처럼 마음속 느낌을 재료로 도마를 두들겨 칼질하고 끓이고 조리고 익히자. 나만의 감각을 이용한 무언가를 만드는 거다. 동원할 수 있는

유비백세-有備無患 百歲無難

모든 감정을 살려서 무엇을 표현하든 팔팔하게 얘기해보자.

오브제는 무엇이든 옳다. 사물이든 사람이든 상관없다. 낙엽도 좋고 이웃집 반려견도 매력적인 대상이다. 가족도 괜찮고 친구도 환영이다. 누군가와 대화하고 찰칵 남기고 그나 그녀를 그려보자. 썩 괜찮으면 선물도 하고 아니면 그만이다. 또 누군가를 떠올리면 생각나는 음식 하나씩은 있기 마련이니, 이를 요리로 승화시켜 보는 건 어떨까. 무엇보다 일련의 과정을 흘려보내지 않는다. 일기도 좋고 개인 SNS에 업로드하면 심플하고 번거롭지 않다. 라디오 사연으로도 그만이다. 라디오 프로그램에 사진 전송도 가능하다. 어딘가에 나만이 가진 감각의 스펙트럼을 알리고 공유하고 싶은데 마땅한 공간이 없다면. 98.1mhz CBS라디오 '유지수의 해피송'을 추천한다. 맞다. 해피송 지킴이가 이 글을 쓰는 본인이다.

그 어느 매체보다 감각의 보고인 라디오. 라디오는 상상력 그 자체이자 감각을 뽐낼 수 있는 통로다. 실제로 그림, 뜨개질, 보석십자수 등의 작품을 사진으로 찍어 보내주는 분이 많다. 품위 있는 글로 자신의 생각과 감상을 적어주는 분도 넘친다. 번뜩이는 생각으로 분위기를 압도하는 분도 계신다. 하나같이 작품이다. 결과물을 보내는 횟수가 쌓일수록 완성도 높은 작품이 도착한다. 앱만 하나 깔면 편하고 재미나게 나를 보여줄 수 있는 공간이 라디오다. CBS 레인보우앱 추천!

결핍은 종종 욕망을 태동한다. 성공의 동력 중 하나는 궁극을 알 수 없는 모자람 아니겠는가. 바다는 파란빛을 흡수하지 못해 푸른 것처럼 존재는 결핍으로 설명된다. 결핍은 욕구라는 호랑이 새끼를 키운다.

글에 대한 욕심이 누구보다 강한 분들이 있다. 일찍이 글을 배울 기회를 놓친 어르신들이다. 지자체마다 글을 배우고 익히고자 하는 노년층을 위한 프로그램이 있다. 이중 국가문해교육센터를 둘러보면 글을 깨치고 재능을 뽐낸 어르신들의 작품을 만날 수 있다.

매년 '전국 성인문해교육 시화전'도 열린다. 그 안의 작품들을 보면 아기의 첫 옹알이만큼이나 감동적이다. 한 편 한 편 회한이 느껴지고 때로 고해성사에 가까운 글에는 값으로 매길 수 없는 진정성이 있다. 기교를 앞서는 힘이 느껴진다. 인터넷으로도 시화전을 둘러볼 수 있으니 한 번쯤 살펴보기를. 지금의 자리에 감사하게 됨은 물론 삶의 숭고함에 전율케 된다. 반복되는 삶이 무료할 때, 생각이 앞으로 나아가지 않을 때, 퍽퍽한 삶을 견뎌낸 어르신들의 글을 보면 모진 겨울을 이겨내고 봄바람을 맞는 기분이다.

백 세를 아름답게 수놓는 아흔셋의 화백. 대나무가 울창한 남쪽 마을, 전라남도 담양에서 그림을 그리는 김학순 할머니. 진짜 삶이 무엇인지를 보여주는 선배님이시다. 그녀는 담양의 200년이

유비백세-有備無患 百歲無難

된 고택에 살며 그림을 발판으로 새로운 인생의 걸음마를 뗐다. 그녀의 그림 공부는 여든아홉이던 해에 시작됐다. 치매 예방을 위해 지역 문화강좌에 참여하면서 붓을 잡았다. 함께 그림을 그리는 사람들은 할머니가 젊었을 때 그림을 배웠다면 화가가 됐을 거라고 입을 모아 칭찬한다. 두 눈과 두 손이 멀쩡히 있는 한, 단 하루를 살더라도 본인이 하고 싶은 일을 직접 해야 직성이 풀린다는 학순 할머니. 할머니의 꽃 그림에는 힘이 있다. 강렬한 색감에서 중력을 거스르는 삶에 대한 힘찬 의지가 느껴진다. 꽃이 더 이상 관조의 대상이 아니다. 그녀의 그림 안에서는 움직일 수 없는 꽃도 능동적으로 달려오면서 말을 건다. 할머니의 삶처럼 그녀의 그림도 그림 속의 꽃도 당당하고 홀로 강하다.

다양한 소통의 도구는 더 다채로운 감각의 재미를 가져다준다. 여러 음식재료를 쉽게 구할 수 있는 나라에서 음식문화가 발달했듯, 나무가 많은 지역에서 멋진 가구가 탄생하듯, 붓이 다양하면 섬세한 작품이 나오듯, 지금 가진 것에서 하나만 더 표현 방법을 늘려보자.

# 2. 접어두었던 상상력을 펼칠 때

세상에 재미없는 사람은 없다. 한 사람은 한 권의 책이고 하나의 우주라고 하지 않는가. 단 읽히지 않은 책, 미지의 우주는 존재한다. 현실에 부대끼다보면 본인이 얼마나 깊고 넓은지를 깨닫지 못할 수 있다.

인생이 반으로 쪼개지는 지금까지 살면서 일상은 '일상' 그 자체였다. 아침이면 씻고 챙기고 나와 생활전선으로 향한다. 나날의 일이 일터에서 우리를 기다리고 있다. 가끔 웃는 때도 있고 때로 벼랑 끝에 내몰릴 때도 있다. 해가 지면 들어와 하루를 또 마무리하고 주변을 돌본다. 달을 보며 돌아오기도 한다. 시간이 채찍처럼 뒤쫓아 온다. 상상력이 자라날 틈이 없다. 상상력이 헤집고 나와도 성장하고 열매를 맺기 어려운 척박한 환경이다. 나이를 저당 잡힌 채 시간만

유비백세-有備無患 百歲無難

흘러간다. 느닷없이 들어가 시간을 보내는 생방송 진행처럼 제 역할을 하지 못한 채 마감만 기다린다. 늘어나는 주름살처럼 세월은 야속하게 지나간다. 요리법은커녕 조리법도 숙지 못했는데 재료만 떠안은 상황이다.

그래도 괜찮다. 정해진 큐시트대로 흐르는 삶도 의미가 있지만 그렇지 않은 우리 삶도 소중하고 아름답다. 나에 대해 스스로 잘 안다면 나와 충만한 시간을 보냈다면 걱정은 필요 없다. 나는 어디에 관심이 있는지 언제 온전한 몰입을 하는지 어떤 생각으로 무엇을 하고 싶은지 아는 게 중요하다. 의도대로 흘러가지 않아도 된다. 의도는 예상이고 예상에는 늘 변수가 있기 마련이다. 의도라는 건 방향의 다른 말이니 어디로 가고 있는지만 알면 된다.

마른 나뭇가지 끝에서 새싹이 돋아나는 걸 본 적이 있다. 겉은 죽은 거처럼 보였어도 속으로 생장을 멈추지 않은 거다. 가을 혹은 겨울에 봄바람을 느끼고 싶다면 무언가를 시작해야 한다. 순간 지나쳤지만 마음에 남은 것, 그것을 해야 한다. 시간을 거스르지 않고도 젊어지는 방법은 새롭게 시작하는 것이다. 재미나게, 지금 이후를 상상하면서. 상상력은 환원의 도구이므로 젊은 백세시대에 꼭 필요한 능력이다.

상상력이 빛을 발하는 곳, 방송국이다. 정보는 넘쳐나고 뼈대 콘텐츠는 어디서나 비슷하다. 같은 현안을 두고 각자의 상상력으로 다른 이야기를 하는 곳이 방송국이다. 계절의 변화라는 팩트를 놓고 방송국마다 혹은 프로그램마다 저마다의 스토리텔링이 있다. 여행을 얘기하는 곳이 있는가 하면, 건강을 다루는 곳이 있고, 소외된 이웃을 들여다보는 곳도 있다. 방송국마다 주파수가 다르고 프로그램마다 제작진이 다르니 전하고픈 메시지도, 상상력도, 보여주고 싶은 그림도 제각각이다.

예전에는 방송이 일부 관련자들의 전유물이었지만 요즘은 다르다. 유튜브로 팟캐스트로 자신의 에너지를 마음껏 보여줄 수 있다. 창구는 항상 열려있다. 다양하다. 전달하려는 메시지만 있다면 누구든 자신만의 콘텐츠를 탄생시킬 수 있다.

무엇이든 생각에만 그친다면 상상력은 박제된 독수리와 다르지 않다. 새로운 시도 없이 상상력을 이야기할 수 없다. 일상을 풍요롭게 가꾸는 상상력은 실행을 전제한다. 라면 하나를 끓여도 무엇을 넣고 어떻게 끓일까를 고민하는 것, 원래 그런 것을 되짚어 보는 것, 덜 익숙한 방법을 찾아보는 것, 그리고 직접 해보는 것, 그것이 삶을 더 잘 살아지게 하는 상상력이고 창조 활동 아닐까. 호기심과 탐구 정신을 잃지 않는 것. 그리고 낯선 것들을 사랑하는 것. 익숙함에 길든 우리에게 꼭 필요한 일이다.

유비백세-有備無患 百歲無難

익숙한 것들과 결별하고 새로운 것에 호의를 가져라.

_프리드리히 니체

날마다 새로워지는 것. 날마다 새로운 날에 도착하는 것.
그것은 같지만 다른 수많은 오늘을 사랑하는 것이다.

유지수-젊은 100세의 탄생

# 3. 관계 맺기

인간은 관계로 정의된다. 주변을 보면 나를 안다. 하루 중 가장 자주 가는 곳은 어디인지, 누구를 만나 얼마나 많이 웃는지, 휴대폰에 제일 많이 찍힌 사람은 누구인지 등. 내 휴대폰을 가장 많이 두드리는 사람은 택배기사님. 오늘도 황홀한 그의 도착 알림을 받았다. 야호. 우리 시대의 반 이상은 호모 딜리버리스 아닐까. 지금도 배송을 기다리는 나를 설명하자면 조금은 게으르고, 필요한 것은 많고, 시간은 절약하고 싶은 사람이다.

개별적 인간의 역사는 타인과의 만남과 헤어짐으로 정리된다. 입학과 졸업, 그 후가 동서남북으로, 이집트의 지층처럼 엮어있고 남극의 빙하처럼 쌓여있다. 그 안에 첫사랑이 있고, 찐친이 있고, 상처를 줬던 사람, 빚을 진 사람, 꿈을 심어준 사람, 그리운 사람,

유비백세-有備無患 百歲無難

한때 경쟁했던 사람 등이 켜켜이 녹아있다. 그들과의 관계가 바로 '나'다. 도망가려 해도 지우려 해도 관계는 자신 안에 은밀히 남아 있다.

나는 흰 머리가 올라오기 시작하면서부터 사람이 주는 스트레스에서 완전히 벗어나고 싶었다. 몇십 년을 달리 살아온 인간들이 서로에게 맞추기는 진심 어린 배려와 양보 없인 힘든 노릇이다. 심지어 몇십 년을 한 집안에서 함께 살아온 사람끼리도 칼부림이 나는 세상이다. 타인과의 관계는 필연 불완전연소다. 무언가 남는다. 앙금일 수도 있고 미처 주지 못한 사랑일 수도 있다. 때로는 남은 애정이 앙심으로 변하기도 하고 시간이 흐르고 앙금이 희석되기도 한다. 그래도 아름다운 것을 남기고 싶다면 마지막까지 사랑을 갖고 상대를 대해야 한다. 너른 이해의 폭으로 상대를 바라봐야 한다. 애정을 갖고 최소한 역지사지의 마음을 열어둬야 한다. 문제는 사람에 대한 애정이 쉽사리 생기지 않는다는 것. 심지어 요구한 적 없는 누군가의 애정도 사양하고 싶다는 것. 사람이 스트레스다. 그래서 낯선 이는 피하게 되고 가능한 접촉면을 줄인다. 자극이 없으니 반응도 없다. 편하다. 감정에 여유가 생긴다. 하지만 외롭다. 결핍의 일상화. 고독의 의미를 제법 알아가며 마음에도 주름살이 생긴다.

사람은 사람 사이에서 흥이 난다. 2022 겨울 월드컵을 치르면서 영하의 날씨에도 우리는 광장으로 나가 다 같이 대한민국을 소리 쳤다. 호프집에 삼삼오오 몰려갔다. 경기 다음 날은 잘했으니 아쉬 웠느니 다음은 어떻게 준비해야 하느니 방구석 전문가들이 총출 동해 판세를 분석했다. 혼자 보고 혼자 즐기고 혼자 떠든 게 아니 다. 곁에 사람이 없었다면 월드컵이 무슨 소용이겠는가. 사람은 사 람을 좌표로 뻗어나간다. 사람을 좋아해야 한다. 예수님처럼 이웃 을 무한히 사랑할 수는 없겠지만 사람 만나는 걸 두려워하지 말아 야 한다. 소통 속에서 존재의 수수께끼를 풀어야 한다. 정확히는 좋은 사람을 만나야 한다. 다양한 관계는 풍성한 일상을 약속하지 만 험한 사람은 걸러야 한다. 사람에 대한 판단력은 사람을 많이 접할수록 생긴다. 사람에 대한 겁은 줄이고 판단력을 키워야 한다. 만남을 차단해서는 안 된다.

관계의 시작은 친절이다. 2016년 노벨문학상을 수상한 뮤지션 밥 딜런Bob Dylan의 외할머니가 어린 밥 딜런에게 해준 얘기는 생각 해볼 부분이 있다. 그녀는 '행복은 뭔가 얻으려고 가는 길 끝에 있 는 것이 아니라 길 자체가 행복이라고' 속삭였다. 또 우리가 길 위 에서 만나는 모든 사람이 각자 힘든 싸움을 하고 있으므로 친절히 대하라고 조언했다고. 그래서일까. 그의 음악에는 작은 위로와 공감이 있다. 화려하지 않은 격려가, 낮게 울리는 따스함이 있다.

유비백세-有備無患 百歲無難

노년에 필요한 열 가지 유형의 친구를 소개한다. 이런 친구가 곁에 있어도 더없이 좋겠지만 이런 친구가 되려고 노력해도 최고다.

1. 건강관리에 철저한 친구
2. 성격이 낙천적인 친구
3. 유머 감각이 풍부한 친구
4. 취미가 같거나 다양한 친구
5. 마음이 젊은 친구
6. 언제든지 전화하거나 만날 수 있는 친구
7. 봉사하는 친구
8. 나이 어린 친구
9. 옛 친구
10. 이성 친구 혹은 배우자

골고루 챙겨 먹는 밥상이 건강을 담보하듯 다양한 친구가 노년의 생활을 더욱 튼튼하게 만든다. 상대의 이야기를 귀 기울여 들어주면 친구가 된다. 좋은 친구를 사귀는 것은 나를 만나는 즐거운 방법이고 나를 확장시키는 슬기로운 방법이다.

이제와 친구를 사귀라니, 부담스러울 수 있다. 초딩도 아니고. 게다 멍석부터 깔고 일을 시작하려면 어색하기 짝이 없다. 뉴페이스는 부담스럽고 올드페이스는 먼저 연락하기 민망하다면 방송을 적극적으로 이용하자. 방송은 다양한, 대체로 좋은, 취향이 닮은 사람들의 공간이다. 방송은 소통이다. 바쁜 세상, 빨라진 사회에 적응하는 좋은 도구이자 통로이다. 라디오 방송은 즉각적인 쌍방향 소통이다. 방송에는 다양한 사람들의 내밀한 삶의 이야기가 녹아든다. 어디 가서 속 시원히 못 할 말들도 방송에서는 때로 익명으로 후련하게 내뱉는다. 나는 CBS에서 '해피송'이라는 팝송 프로그램을 진행 중이다. 음악 듣는 일이 밥벌이인 것도 감사한데 좋은 사람들의 소중한 이야기까지 덤으로 얻는다. 아니 좋은 사람들과 만나는데 음악까지 듣는다고 해야 맞겠다.

백세 시대, 진짜 어른이 되자. 꼰대 말고. 내가 먼저 좋은 사람, 함께 있고 싶은 사람, 없으면 허전한 사람이 되자. 누군가 아쉬운 게 있어 손을 내밀 때 아무 말 없이 그 손을 잡아주자. 그리고 많이 웃자. 웃는 사람은 향기로운 꽃이다. 그 곁에는 늘 바람, 햇빛, 양분 같은 사람들이 있기 마련이다.

유비백세-有備無患 百歲無難

# 4. 취미와 나의 콜라보

얼마 전 머리에 하얀 눈이 내린 할아버지의 정성 어린 커피 한 잔
을 오천 원과 바꿨다. 뜨거운 한 잔을 한약 달이듯 뽑아내시는 할
아버지의 손길에는 뚝딱 간편한 인스턴트식품에서는 찾아볼 수 없
는 위로가 있었다. 누군가의 정성을 달게 받아도 되는, 정성을 받아
들일 수 있는 사람이란 생각에 스스로 귀한 존재가 된 기분이었다.

노년을 위한 흔한 취미와 일 중 하나인 바리스타. 일을 위한 건지,
취미를 위한 건지 알 수는 없지만, 바리스타 자격증은 노년의 동반
자 가운데 하나다. 운전면허증은 반납하더라도, 노년에 바리스타
든 소믈리에든 자격증 하나 있음 든든하다. 소믈리에는 원래 와인
감별사지만 요즘은 꽃차 소믈리에, 워터 소믈리에, 전통주 소믈리
에 등 취향에 맞게 배울 수 있다. 커피도, 와인도, 시간의 작업을

통해 태생과 다르게 조물 되는 것들 아니겠는가. 경험과 희로애락을 풍부히 겪은 어른 세대에게 적합한 일이다. 물론 물리적인 활동이 덜 하다는 것도 흰머리의 바리스타와 소믈리에가 매력적인 이유다.

일을 종교로 아는 사람이 있다. 일 중독이다. 심지어 때로는 취미 중독인 사람과 만난다. 종교를 취미처럼 여겨도 좋겠다. 나이가 들고 하늘의 부름이 가까워질수록 미약한 인간의 정서로 감당이 안 될 일을 종교로 풀어내면 어떨까. 부끄럽지만 나는 그럴듯한 핑계로 종교를 베개처럼 쓰고 있다. 필요에 의해서만 기댈 뿐이다. 내 옆에 J는 다르다. 그는 주일을 지킨다. 삶 속에서 신의 미소를 찾을 줄 아는 사람이다. 그의 남은 인생은 종교라는 지지대 덕에 쉬이 무너지지 않을 거라 확신한다.

긍정적인 취미 중독은 삶을 활기차게 만들어준다. 여기서 한 걸음 나아가 아드레날린을 끊임없이 만들어내는 프로 취미 중독자도 있다. 아나운서 황인용 선배님은 빈티지 오디오 마니아로 유명하다. 어떻게 구했는지 알 수 없는 제품부터 억 소리 나는 스피커까지. 그는 빈티지의 매력에 얼마나 푹 빠졌는지 오디오뿐 아니라 1970년대산 자동차 재규어Jagua까지 소유하고 있다. 부품도 구하기 어려울 텐데 아주 깔끔한 상태로. 그의 노년은 취미가 일이 되었고 그 자신이 되었다.

유비백세-有備無患 百歲無難

왜 사람들은 부가가치를 창출하는 것도 아닌 취미라는 일에 에너지를 쏟아부을까. 번개처럼 내려친 어느 날의 경험 때문일까, 아니면 차별화된 인생으로 향하는 출구를 찾기 위해서일까. 남들이 보기에는 사소하고 별스러운 취미더라도 분명 본인에게는 중독과 몰입의 경험이 가져다주는 무언가가 있다. 아무것도 떠오르지 않는 무념의 기쁨. 시간과 공간을 초월하는 오롯한 성취감. 그것이 사람을 붙잡는다. 취미가 일상의 주인공이 되는 거다.

한 가지에 깊이 통하면 전체에 통달한다고 하던가. 사소하게만 보이는 취미도 어느 수준을 넘는 순간, 삶과 세상의 이치에 개안하는 경험을 준다. 좋은 취미에 몰입하고 좋은 취향을 갖는다는 것은 그 사람의 삶이 그만큼 풍부하다는 의미다. 남들이 모르는 경험의 차원을 높이 쌓아가고 있다는 뜻이다. 그가 아무리 중독적 인간으로 보일지라도 몰입의 경험은 쉽게 무시할 수 있는 것이 아니다. 다행히 누구든 노력하면 그런 차원에 도달할 수 있고 몰입의 기쁨을 누릴 수 있다.

무엇이든 꾸준해야 빛을 발한다. 습관이 되고 일상이 돼야한다. 루틴이다. 루틴은 몸의 뼈대와 같다. 뼈대가 튼튼하면 일상이 무너지지 않는다. 기분 좋은 습관이 기본이 훌륭한 삶을 만드는 거처럼. 잠을 자고 밥을 먹는 일과처럼 영양가 있는 취미를 거르지 않으면 우리의 루틴은 더 선명하게 빛날 수 있다. 마치 레몬즙

유지수-젊은 100세의 탄생

한 스푼이 생선요리를 더 산뜻하게 만들어주는 거처럼. 참기름 한 방울이 나물요리를 더 윤기 나게 향긋하게 해주는 거처럼. 나에게는 나에게 맞는 취미가 반드시 있기 마련이고 이는 삶을 더 반짝이게 한다.

취미가 삶을 관통하고 지탱하는 원동력이 되는 시기, 바로 노년이다. 영국의 버나드 비비 할아버지를 통해 또 한 번 확인했다. 일흔다섯의 영국 신사인 그는 아내와의 사별 후 발레라는 새 동반자를 만났다. 발레를 배운다는 건 만만치 않은 과정의 연속이었다. 발레에 필수적 요소인 몸의 안정과 프랑스어 숙달 등은 재미와 괴로움을 동시에 주었다. 그는 춤을 추면서 필요한 모든 동선을 기억할 수 없더라도 휠체어에 앉는 그날까지 발레를 포기하지 않을 것이라고 밝혔다.

무엇이 그를 발레슈즈에 묶어놓았을까. 당장 행복하다는 것 아닐까. 취미는 부담이 없다. 결과를 낼 필요도 없고 결말까지 가지 않아도 좋다. 쉽게 시작하고 쉽게 놓아줄 수 있다. 급여 혹은 대가를 위한 일이 아니기 때문에 주체가 항상 '나'다. 마음이 가벼우니 진행도 준수하다. 나의 취향에 관한 일이니, 노력하는 과정도 덜 힘들고 대체로 재미있다.

유비백세-有備無患 百歲無難

어르신들을 만나 취미에 관해 대화하며 들은 얘기 중 하나.
'이 좋은 걸 왜 진작 못하고 이제야 했을까'

훗날 꽃으로 피어나 달콤한 에너지를 줄 취미는
지금부터 씨를 뿌려야 한다.
평생을 거쳐 피우는 취미도 있으니까.
아니 취미는 평생을 함께해도 좋은 것이니까.

2022년 라틴 그래미 시상식 Latin Grammy Award 에서 아흔다섯 살의 가수가 역대 최고령 신인상 수상자로 선정됐다. 주인공은 안젤라 알바레스 Angela Alvarez. 수십 년간 수줍게 작곡하며 음악과 함께 일상의 화음을 맞춰온 안젤라. 고된 삶 속에서도 기타를 놓지 않았던 그녀는 아흔 살 때 첫 콘서트를 열었고 아흔네 살에 첫 앨범을 발매했다. 그녀의 감동적인 음악 여정은 [Miss Angela: Dreams Do Come True]라는 제목의 다큐멘터리 영화로 태어났다. 사람들은 그녀에게 열광했고 그녀의 삶은 낙차 큰 아름다운 선율 그 자체였다. 시상식에서 그녀는 말했다. 비록 삶이 힘들더라도 항상 탈출구가 있으며 믿음과 사랑으로 꿈을 이룰 수 있다고. 그리고 늦은 때란 없다고.

미국의 시어도어 루즈벨트 대통령Theodore Roosevelt은 '비교는 기쁨을 훔치는 도둑'이라 했다. 취미의 궁극은 비교하지 않음이다.

수량화, 정량화를 초월함이 취미의 취미 됨 아닐까. 반세기 가까이 비교하고 비교 당하며 살아왔던 인생에서 자유로워져, 불현듯 하고 싶고 부담 없이 할 수 있는 것들로 채우는 남은 나날. 지금부터 설렌다.

유비백세-有備無患 百歲無難

# 5. 미리 유서쓰기

방송가에서는 새 프로그램 런칭을 앞두고 파일럿 프로그램을 제작한다. 재미있고 기발한 아이디어가 실제 방송으로는 어떻게 구현될지 미리 상상하고 만들어본다. 예상대로 잘 표현되는지, 상상만큼 재미있는지, 보완할 것은 없는지 시뮬레이션 작업을 한다.

반응을 살피는 일은 더 중요하다. 시청자들이 새 프로그램에 관심이 있는지, 제작진의 킬링 포인트를 잡아내는지, 의도대로 전달되는지 등.

방송가만이 아니다. 미술관이나 전시회, 공연장에서도 파일럿 프로그램을 운영한다. 전시회의 경우 사전 프로그램을 운영하며 실험성 있는 작품이나 기획을 보여준다. 여기서 반응이 뜨거우면 내용을 보강해 메인 프로그램으로 다시 소개되기도 한다. 교육기관에서도 파일럿 시스템을 차용한다. 다채로운 교육 프로그램을 시험 삼아 띄워보고 수용자에게 어떤 영향을 미치는지 확인하는 과정을 중요시한다. 패션업계에는 편집 매장이 있다. 해외의 브랜드를 국내에 소개할 때 일단 맛보기로 몇 가지 제품을 보여준다. 이때 좋은 반응을 지속적으로 얻는 브랜드가 있다면 이 브랜드는 독자 생존이 가능함을 인정받고 정식 단독 매장을 오픈한다.

산다는 건 죽음을 향해 가고 있음의 다른 표현이다. 생을 시작한 이후 마감을 향해 가는 것이 피조물의 운명이니까. 언제, 어디서, 어떤 이유로, 어떤 모습으로 죽을지 확실하게 아는 사람은 세상에 없다. 죽음은 나이순으로 찾아오지도 않는다. 늘 남의 일처럼만 여겨지는 사고와 중병이 언제든 나의 일이 될 수 있다. 모두가 언젠가는 반드시 죽는다. 다만 자기가 언제 어떻게 죽느냐는 것만은 아무도 모른다.

그러므로 예비하는 건 도움이 된다. 여러 번 기회가 없는 일인 경우는 더욱 그러하다. 삶과 죽음의 문제에서도 예습할 수 있다면 해보자. 죽음의 문턱에 먼저 가보는 거다. 죽음을 가정하고 미리 유서를 써보는 것은 단순히 죽음 후에 주변 정리를 위해서가 아니다. 유서를 쓰면서 평소 자기 삶을 되돌아보는 의미가 더 크다. 유서를 쓰다 보면 내 삶의 중요한 것과 중요하지 않은 것을 구분할 수 있다. 삶의 우선순위가 생긴다. 가장 소중한 것이 무엇인지, 무엇을 놓치고 살아가는지 깨닫는다.

죽음을 준비하는 것은 결국 삶을 준비하는 것과 같다. 미리 유서를 작성해 보면 평소에 살면서 깨닫지 못했던 면을 볼 수 있다. 어떻게 죽음을 맞이할 것인지 생각하고 준비하는 죽음의 묵상은 노인이나 불치병으로 삶의 마지막에 다다른 사람만의 것이 아니다. 살아 있는 모든 이들에게 꼭 필요하다. 죽음을 깊이 묵상할수록 현재의 삶을 더 잘살게 되니까.

# 먼지가 되기보다는 차라리 재가 되자

2022년 12월, 영화 [아바타: 물의 길 Avatar. The way of water] 홍보차 제임스 캐머런 James Cameron 감독과 배우 시고니 위버 Sigourney Weaver 등이 내한했다. 올해 73살인 위버는 나이를 가늠할 수 없는 자태로 사람들을 깜짝 놀라게 했다. 전편에서 아바타 프로그램을 개발한 박사로 연기를 펼친 그녀는 속편에서 박사가 낳은 딸 '키리'를 연기한다. 키리는 10대다. '디지털 디에이징'이라는 첨단 기술의 도움을 받지도 않았다. 판도라 행성에 사는 부족 중 한 명으로 인간과 신체조건이 달라 보이는데 아무런 문제가 없다. 모르고 보면 눈치도 못 챈다.

더 놀라운 것은 그녀가 연기의 완성도를 위해 물속에서 최장 6분까지 잠수하며 수중연기를 펼쳤다는 것. 완벽주의자로 유명한 캐머런

유비백세-有備無患 百歲無難

감독은 사실적인 수중세계의 표현을 위해 배우들에게 잠수한 채 자연스러운 표정 연기를 주문했는데, 70대 위버도 예외가 아니었다.

캐머런 감독은 위버가 처음에는 힘겹게 30초를 참더니 나중엔 6분을 참았다며 칭찬했다. 정작 그녀는 잠수보다 얼굴 찌푸리지 않고 편안하게 표정 연기하는 게 가장 힘들었다고 토로했지만, 자식, 손주뻘의 어린 배우들과 함께 이 모든 과정을 다 소화했다.

나이는 숫자에 불과할까. 누구에게나 해당하는 말은 아니다. '시간을 살뜰히 쓰고 현재를 축복으로 아는 사람들에게'란 조건이 붙으면 나이는 숫자에 불과하다.
우리는 찐백세를 고민해야 할 첫 사람들이다. 앞의 세대는 어떨결에 운 좋은 사람들이 백 세에 터치다운 했다면 우리 세대는 전 세대보다 많은 수가 떠밀리듯 백 세의 아침을 맞을 것이다. 당신은 떠밀려 백 세를 맞을 것인가, 아니면 기다렸다 백 세를 잡을 것인가.

나이는 들었지만 늙지는 않는 사람.
우리가 늙지 않으면 늙어서도 늙지 않는다.
살아온 날들을 보면 살아갈 날들이 보인다.
이제 다시 시작이다.
지난 반세기, 인생을 숙제 풀듯 살아왔다면
남은 날은 축제처럼 살아보자.

# 윤소정
## 진정한 무병장수를 위해

한의사. 서울대를 졸업한 뒤 인터넷 포털, 휴대폰 소프트웨어 개발 회사에서 일했다. 건강에 대한 고민을 시작으로 한의학에 관심을 갖고 공부하게 되었다. 사람을 고치는 의학이자 과학으로의 한의학뿐 아니라 오랜 역사와 함께한 문화로서의 한의학에 관심이 많다. 한의학은 허준과 『동의보감』으로 대표되는 자랑스러운 우리의 자산이지만, 지나간 옛 의학이라는 편견도 있다. 강의와 저서 활동을 통해, 한의학의 장점을 알리고 잘못 알려진 오해를 풀고자 노력한다. 좀 더 많은 이들에게 다가갈 수 있는 쉽고 재미있는 한의학에 대해 늘 고민중이다. 《중년을 위한 동의보감 이야기》, 《(한의사 윤소정 선생님이 맥을 짚어주는) 한의대로 가는 길》, 《얼굴과 몸을 살펴 건강을 안다》를 집필했다. 현재 오마이뉴스에서 『한의사와 함께 떠나는 옛그림 여행』을 연재중이다.

유비백세-有備無患百歲無難

# 늘어난 수명, 길어지는 노년기

인간의 수명은 점점 늘어나는 추세이다.

통계청에서는 우리나라 국민의 기대수명을 1970년도부터 제공하는데,

1970년도의 62.3세를 기점으로 1987년 70.1세로 처음 70세를 넘었고

2009년 80.0세로 80세가 넘어 현재에 이르고 있다.


그렇다고 해서 젊은 시절, 청춘이 마냥 늘어나는 것은 아니다.

수명이 늘어나면 늘어날수록, 노년기가 길어진다.

다시 말해 갖가지 질병으로 시달리는 기간이 늘어나는 것이다.


이렇게 생각해 보면, 노년에 있어 건강은 필수 요소이다.

그리고 이를 위해서는 지금부터가 중요하다.

20~30대까지는 건강에 대해 깊이 생각하지 못하기 쉽다.

게다가 이미 지나간 시간이라면, 뒤늦은 후회는 아무런 의미가 없다.

오히려 악영향을 끼칠 뿐이다.


그 누구도 아닌 나를 위한 백세시대를 준비하기 위해,

건강의 의미와 노화의 과정 그리고 한의학에서 제시하는

불로장생의 비법까지 차근차근 알아보자.

윤소정-진정한 무병장수를 위해

# 1. 나를 위한 백세시대를 살아가려면

백세시대란 말이 처음 나왔을 때만 해도, 실제로 백세를 사는 사람은 드물었다. 자신이 혹은 부모님이나 가까운 지인이 백세를 살 수 있을 거라는 기대도 크지 않았다. 백세를 넘은 사람은 그리스나 일본의 어느 장수마을에나 있을 법한 존재로 생각했다.

통계청에 따르면, 2021년 기준 한국인의 기대수명은 평균 83.6세이다. 남자는 80.6세, 여자는 86.6세로, 여자의 수명이 남자보다 약 6년 더 길다. 이로부터 10년 전인 2011년의 기대수명은 평균 80.6세였다. 10년간 3년이 늘어난 것이다.

기대수명이란 0세 출생자가 앞으로 몇 년을 더 살 것인가를 추정한, 평균 생존 연수이다. 이는 연령별, 성별 사망률이 현 수준으로

유비백세-有備無患 百歲無難

유지된다고 가정했을 때의 통계적 기대치이다. 즉, 평균 83세가 넘는다는 2021년 기대수명이 나에게는 해당되지 않는다. 내가 지금 막 태어난 신생아가 아니라면 말이다.

그렇다면, 1970년의 기대수명은 얼마였을까? 남자는 58.7세, 여자는 65.8세로 평균 62.3세이다. 현재에 비해 20년 이상 차이 나는 수치로, 50여 년간 기대수명이 20년이 넘게 증가했다. 그렇다고 해서 1970년생의 기대수명이 62.3세는 또 아니다. 62.3세라는 수치는 당시의 사망률을 반영한 결과이기 때문이다.

기대수명을 계산할 때는 자살이나 사고로 인한 사망은 제외하고, 생명을 다해 살다가 죽는 경우만을 포함한다. 1970년과 2021년 불과 50년 사이에 이렇게 기대수명이 증가한 데는 크게 줄어든 영아사망률이 한몫했다. 하지만 그것을 감안하더라도 인간의 기대수명은 점점 늘어나고 있다.

소득수준이 증가함에 따라 영양상태가 좋아지고, 건강에 대한 관심은 늘어났다. 의료기술도 날이 갈수록 발달하고 있다. TV나 인터넷을 통해, 아니 가까운 주위를 둘러보아도 80, 90세까지 사는 노인들을 어렵지 않게 볼 수 있다.

그렇다면, 나는 어떠한가? 나는 몇 살까지 살 수 있을까?

인명은 재천이라고, 사람의 목숨은 하늘에 달려있다고 한다. 언제 어떻게 사고를 당할지도 모른다. 하지만 일단 그 경우는 제외하고 생각해 보자. 내가 조절할 수 있는 범위의 바깥에 있는 부분은 어쩔 수 없으니까.

살아있는 생명은 모두 죽기에, 나도 언젠간 생이 다한다는 것을 우리 모두는 알고 있다. 그러나 대부분의 사람들은 그건 먼 훗날의 일이라고 잊고 산다.

오늘 조금 무리해도 내일은 괜찮아질 것이라 건강을 과신한다. 그렇기에 질병에라도 걸리면, '왜 내가?'라는 의문이 가장 먼저 든다. 뒤늦게 '너무 혹사하고 살았구나, 내 몸을 돌보지 않았구나.' 후회한다. 때로는 '난 착하게 살았는데, 내가 무슨 대단한 잘못을 저질렀다고 이렇게 벌을 받나.' 가슴을 치기도 한다.

우리는 권선징악을 믿고 싶지만, 조금 더 냉정히 생각하면 착한 사람이라고 병이 피해 가지 않으며 마찬가지로 악인이라는 이유로 일찍 죽지는 않는다.

큰 병에 걸렸을 때 하늘을 원망하는 기본 바탕에는, 아직은 내가 죽을 나이가 아니라는 생각이 깔려있다. 다시 말해 백세시대니까, 다들 오래 사니까, 나 또한 그 정도는 살 수 있으리란 믿음이 무의식중에 있었던 것이다.

상대적 박탈감이란 것은 상당히 중요한 요소이다. 다 같이 못 먹고 못 살고, 먹을 것이 없어서 굶어죽고, 전쟁이 나서 죽고, 돌림병에 걸려서 죽었던 시절과는 다르다. TV를 틀면, 유튜브 영상을 통해, SNS만 보아도, 떵떵거리고 잘 먹고 잘 사는 사람들이 수도 없이 많다. 이렇게 좋은 세상에 나만 고생하다가 몹쓸 병에 걸려서 죽는다고 생각하면 얼마나 억울한가.

조선시대 사람들의 평균 수명에 대한 명확한 자료는 없지만, 왕에 대한 기록은 남아있기에 이를 바탕으로 예상할 수 있다. 황상익 서울대 의대 교수는 조선 왕들의 평균 수명을 46.1세, 백성의 평균 수명은 35세 혹은 그 이하라고 추정했다.

현대에 사는 사람이 35세에 사망할 때, '그래도 조선시대 평균수명 만큼은 살았네.'라고 위안 삼을 리 만무하다. 높은 영유아 사망률을 고려한다면, 하물며 조선시대에도 35세란 안타까운 젊은 나이의 죽음일 테니 말이다.

백세시대라고, 주위 사람들의 수명이 모두 길어진다고 해도, 내가 환갑까지도 살지 못한다면 그게 무슨 소용이 있을까? 꼭 나를 위해서가 아니라, 사랑하는 가족을 생각해 보아도 그렇다. 아프면 무엇이 가장 걱정이 되는가? 곁에 있는 소중한 이들이다. 부모님보다 앞서 가는 불효는 상상만 해도 가슴이 아프다. 누구나 내 아이가 좀 더 클 때까지, 성인이 될 때까지, 결혼을 할 때까지, 손주를 볼 때까지 살고픈 욕심이 있다. 늙으신 부모님을 편안하게 모시려면, 자녀들에게 오래도록 힘이 되어 주려면 건강히 오래 살아야 한다.

나이가 들수록 시간은 빨리 간다고들 한다. 하루하루 살다 보면 일주일이 지나있고, 어느덧 계절이 바뀌고 1년이 흘러간다. 새해가 되면 '내가 벌써 이 나이라니, 언제 이렇게 나이를 먹었나.' 깜짝 놀란다. 1년씩 나이가 드는 것이 아니라, 마치 10년이 통째로 늘어난 느낌이 들기도 한다.

짧고 굵게 혹은 가늘고 길게 살고 싶다는 사람들이 있다. 최근 연구 결과에 따르면, 인간 수명의 한계는 150살이라고 한다. 기네스북이 선정한 최장수 인물은 122년을 살았다. 아무리 오래 살아도 뒤돌아보면 한순간이고, 어차피 인간의 목숨은 그리 길지 않다.

한 번 사는 인생, 이왕이면 굵고 길게 사는 건 어떨까? 건강이란 측면으로 보자면 더욱 그러하다. 골골 80세라지만 골골하게 오래 사는 건 무엇보다 당사자가 가장 힘든 노릇이다.

# 2. 인류의 오랜 꿈, 무병장수

인간은 각자의 꿈이 있다.

어떤 사람이 되고 싶다, 어떤 일을 하고 싶다, 사랑하는 사람을 만나고 싶다, 행복한 가정을 꾸리고 싶다, 유명해지고 싶다, 돈을 많이 벌고 싶다 등등.

이 중 인류의 역사를 관통하여 모든 인간이 바라는 꿈은 무병장수가 아닐까 싶다.

심리학자 매슬로우1908~1970는 인간의 욕구 5단계를 다음과 같이 이야기했다.

가장 기본적인 첫 번째는 생리적 욕구, 두 번째 안정의 욕구, 세 번째 사랑 및 소속의 욕구, 네 번째 존중의 욕구, 다섯 번째 자아실현의 욕구이다.

5단계 중 기본적인 욕구 즉 하위 계층의 욕구일수록 우선권을 가지며, 아래 단계가 충족되면 위 단계의 욕구가 나타난다.

이 중 건강은 어디에 위치할까?
우선 건강은 생존과 직결되므로, 첫 번째 생리적 욕구로 볼 수 있다. 생리적 욕구는 생존을 위한 필수 요소로, 호흡, 물과 음식, 배설, 잠 등이 해당된다. 이것이 충족되지 않으면 일상생활을 위한 건강을 유지할 수 없다. 이는 인간에게 있어서 가장 본능적이면서도 강력한 욕구이다.

두 번째인 안전의 욕구에도 포함된다. 안전의 욕구에는 전쟁과 폭력, 재난 같은 물리적인 안전뿐 아니라 경제적인 안전도 있다. 또한 질병이나 사고로부터의 안전, 즉 건강의 안정에 대한 욕구가 있다. 이를 위한 대비로 보험에 가입할 수도 있고, 정신적 안정을 위해 종교를 믿기도 한다.

그만큼 건강은 인간이 얻고자 원하는 가장 기본적인 요소이다. 동시에 더 상위 계층의 욕구와도 긴밀한 관련을 맺는다.

세 번째 애정과 소속의 욕구를 살펴보자. 어떤 이들에게는 이것이 안전의 욕구보다 더욱 강렬하게 나타나기도 한다. 일반적인 사람들에게는 어린 시절, 아이일 때 특히 중요하다. 이 욕구가 결핍되었을 때 인간은 스트레스를 받고 외로움, 우울감에 빠질 수 있다. 다시 말해 사랑하고 사랑받는 욕구가 좌절될 때, 정신 건강에 타격을 입을 수 있다.

네 번째 존중의 욕구는 타인으로부터 인정받고 자신이 가치 있는 존재임을 느끼고 싶어 하는 욕구이다. 이것이 충족되지 못하면 열등감을 갖고, 낮아진 자존감을 되찾기 위해 명성에 집착하는 부작용을 낳기도 한다. 하지만 겉으로 드러난 지위나 명예만을 추구하며 다른 사람의 시선을 받기 위해 애쓰는 것은, 진정한 자존감을 형성하는데 그다지 도움이 되지 않는다. 외부 요인에 관계없이 스스로를 존중할 수 있어야, 어떤 상황에서도 흔들리지 않는 강인한 정신력을 가질 수 있다. 그리고 이것의 바탕에는 심리적으로 균형 잡힌 건강함이 필요하다.

이렇게 네 단계의 욕구는 모두 육체적 혹은 정신적 건강과 깊이 관계되어 있다.

가장 최상위 단계인 자아실현의 욕구 또한 건강이 뒷받침되지 않으면 꿈꾸기 어렵다. 매슬로우는 가장 인간다운 욕구인 자아실현에 대한 욕구는 하위 단계가 충족된 이후 나타난다고 했다.

건강은 그 자체로 본능적이고 기본적인 욕구이면서 다른 여러 욕구, 그리고 꿈꾸는 것들을 이루기 위한 바탕이 된다.

그리고 이러한 건강의 개념에는 물론 정신적인 건강까지 포함된다.

세계보건기구 WHO^World Health Organization에 따르면, 건강의 정의는 다음과 같다.
"건강이란 질병이 없거나 허약하지 않을 뿐만 아니라 육체적·정신적·사회적 및 영적 안녕이 역동적이며 완전한 상태를 말한다."

간혹 자신은 그렇게까지 오래 살고 싶지 않다는 이들도 있다.
하지만 그런 순간에도 한결같이 바라는 것은 세상을 뜨는 그날까지 아프지 않고 건강하게 생활하다가 맞이하는 편안한 죽음이다.

이를 위해 중요한 것은 단순한 수명, 즉 얼마나 오래 사는가가 아닌 건강수명, 얼마나 건강하게 오래 사는가에 있다. 건강수명은 질병이나 부상으로 활동하지 못한 시간을 제외한 기간을 뜻한다.

한국보건사회연구원의 자료(2020년)에 따르면, 2018년 출생자의 건강수명은 74.8세[1]로 기대여명인 82.1세와 7.3년의 격차가 있다.

---

1) 통계청에서는, 2018년 건강수명은 64.4세, 기대수명은 82.7세로 그 격차를 18.3년으로 산출했다. 이렇게 보면 인생의 22.1% 동안 아프고, 건강한 시간은 77.9%에 불과하다.

이 7.3년의 기간 동안은 병을 앓으면서 보내며, 건강하게 사는 시간은 전체 인생의 91.1%라고 분석했다.

다시 말해, 인생의 10% 시간 동안 건강하지 못한 상태로 보내는 것이다.

물론 이는 개인차가 있을 테고, 평생 골골하면서 약한 체력으로 사는 사람이 있는 반면 사망 직전까지도 걷고 말하고 일상의 생활을 유지하는 사람도 있다.

객관적인 시간인 수명만 중요한 것이 아니다. 누구에게나 주어진 하루 24시간이라고 하지만, 어떤 사람에게는 하루가 12시간일 수도 6시간일 수도 있다. 질병으로 인해 움직임에 제약이 생겨 대부분의 시간을 누워있어야 하는 사람, 많은 시간을 통증 때문에 괴로워하는 사람에게 똑같은 24시간이라고 할 수 없다. 하루를 보람 있게 보내고 아니고의 문제가 아니다. 놀든 쉬든 먹든 뭘 하든 간에 건강한지 아닌지는 삶의 양과 질에 커다란 영향을 끼친다.

시간은 돈을 주고 살 수 없다. 아무리 돈이 많아도 꼼짝없이 침대에 누워 죽을 날만 기다린다면, 그 사람에게 가장 간절한 것은 삶 그리고 건강이다.

하지만 건강하다면 수명, 즉 내가 사는 시간을 늘릴 수 있다. 남들보다 하루를, 시간을 더 알차게 보낼 수도 있다.

이렇게 생각해 보면 무병장수는 다른 무엇보다 건강에 좌지우지된다. 건강해야 오래 산다는 말은 당연한 것 같지만, 의미심장한 말이다. 일상 속에서 우리는 건강보다 부귀영화를 앞에 놓고 생각할 때가 많다. '건강? 중요하지.'라지만 당장의 일과 성공, 돈을 위해 건강을 뒤로 미루는 일도 허다하다.

그리스 · 페르시아 · 인도에 이르는 대제국을 건설한 알렉산더 대왕BC356~BC323과 철학자 디오게네스BC412?~BC323의 대화를 떠올려보자. "당신에게 필요한 것은 무엇이든 줄 수 있소. 소원을 말해 보시오." 라고 알렉산더가 묻자, 디오게네스는 "햇빛을 가리지 말고 비켜 주시오."라고 답했다. 그에게 햇빛은 자유와 평화, 그리고 건강이라는 의미를 가진다.

이는 이어지는 그들의 대화에서 알 수 있다. 알렉산더는 디오게네스에게 세계 정복을 위한 가르침을 듣기 원했다. 그러자 철학자는 세계를 정복한 이후에는 무엇을 할 것이냐고 왕에게 묻는다. 왕은 편히 쉴 것이라고 답했고, 철학자는 지금 자신이 무엇을 하고 있는 것처럼 보이냐고 다시 묻는다. 그리고 자신은 세계를 정복하지 않았지만 이미 편안하게 쉬고 있다고, 왕에게도 지금 쉴 수

유비백세-有備無患 百歲無難

없으면 세계를 정복한 후에도 할 수 없다고 충고한다.

실제로 알렉산더는 33세라는 젊은 나이에 생을 마쳤다. 반면 디오게네스는 생몰년도가 확실하지 않지만, 상당히 장수한 것으로 알려졌다. 물론, 이들의 대화만으로 알렉산더와 디오게네스의 건강과 수명을 단정할 수는 없다. 하지만 적어도 우리 모두는 건강에 있어 휴식이 얼마나 중요한지, 스트레스가 얼마나 악영향을 끼치는지 알고 있다.

하루를 살아도 건강하게 사는 삶, 게다가 물리적인 시간(수명)까지 길어진다면 그것이야말로 진정으로 인류가 바라온 만수무강, 불로장생, 수복강령일 것이다.

윤소정-진정한 무병장수를 위해

# 3. 한의학에서 말하는 노화의 과정

《동의보감》에서는 인간의 성숙과 노화과정에 대해 이렇게 이야기한다.

"남자는 8세가 되면 신기가 충실해져서,

머리털이 자라고 치아를 갈게 된다.

16세에는 신기가 왕성해져서, 정액이 만들어져 자식을 낳을 수 있다.

24세에는 신기가 고르게 조화로워지고,

근육과 뼈가 튼튼해지고 사랑니가 나고 성장이 최고에 이른다.

32세에는 근골이 더욱 크고 단단해지며

살집이 건장하고 튼튼해진다.

40세에는 신기가 약해지면서, 머리카락이 빠지고 치아가 약해진다.

48세에는 양기가 위에서부터 고갈되어, 얼굴이 초췌해지고

유비백세-有備無患 百歲無難

머리카락과 귀밑머리가 반백이 된다.

56세에는 간기가 약해져서, 근육을 원활히 움직이지 못하게 된다.

64세가 되면 정액(정력)이 줄고 신장도 약해져서, 신체가 모두 다하여 치아와 머리카락이 빠진다.

여자가 7세가 되면 신기가 성해져서,

치아를 갈고(영구치) 머리카락이 길어진다.

14세에는 월경이 이르게 되어 자식을 낳을 수 있다.

21세에는 신기가 고르게 조화로워서,

사랑니가 나고 성장이 최고로 된다.

28세에는 뼈와 근육이 단단해지고

머리카락이 가장 무성하게 자라며 신체가 장대(힘이 왕성) 해진다.

35세가 되면 얼굴이 마르고 머리카락도 빠지기 시작한다.

42세가 되면 얼굴이 초췌해지고 머리카락이 희어진다.

49세가 되면 월경이 그치면서 몸이 늙어져 자식을 낳을 수 없게 된다."

여기에서 남자의 나이 64세, 여자의 나이 49세 이후는 따로 언급하지 않았다.

이 원본은 《황제내경》[2]에 있는 내용으로, 황제내경은 약 2,200년

---

2) 황제내경은 2011년 유네스코 세계기록유산으로 등재되었다. 동의보감은 이보다 앞선 2009년, 의학 서적으로는 최초로 유네스코가 세계기록유산으로 지정한 바 있다.

전 그러니까 기원전에 편찬된 것으로 알려진 가장 오래된 중국의 의학서이다.

14세기 후반에서 20세기 초까지 지속되었던 조선시대의 왕 27명 중 64세를 넘긴 왕은 4명에 지나지 않는다. 환갑을 지난 숫자도 6명에 불과하다. 조선시대 왕의 평균수명이 46세, 왕비의 평균수명이 51세인 것을 고려했을 때, 기원전 사람들의 수명은 현재와 더욱 큰 차이가 있을 수 있음을 감안하고 살펴보자.

황제내경은 황제와 기백이 묻고 대답하는 형식으로 쓰인 책이다. 여기서 황제는 중국 신화 속 인물이며, 기백은 황제의 신하이면서 천하의 명의이다.

이 내용은 황제가 '사람이 늙은 후에 자식을 낳을 수 없는 이유'에 대해 묻고, 신하인 기백이 답한 것 중 일부이다.

이에 따르면, 남자는 머리카락이 빠지고 희어지며 얼굴이 초췌해지고 치아가 약해지면서 노화가 시작되어 점차 근육이 약해지고 정력이 줄어든다.
여자도 비슷한 과정을 거친다. 노화가 진행됨에 따라 얼굴이 마르고 머리카락이 빠지며 흰머리가 나고 월경이 그치고 몸이 늙어진다.

예전에는 현대에 비해 많은 자손을 낳고 그들이 번성하는 것을 더욱 중시했기에 그 부분에 초점을 두어 설명하고 있다.

이 중 특히 신기腎氣에 대한 언급이 많은데, 신기란 신장의 기운이다. 신장은 오장육부[3] 중 하나로 오장은 간, 심장, 비장, 폐, 신장을 말한다. 이때 신장은 현대의학에서 말하는 콩팥Kidney보다 넓은 의미로, 노폐물을 배설하는 것보다 훨씬 더 많은 기능을 담당한다. 생식계와 호르몬의 개념까지 포함하고 있어, 사람의 성장과 발육, 노화에 이르기까지 신장과 관련이 깊다.

기백은 끝으로 신장의 기능에 대해 말하며, 황제의 질문에 대한 답을 정리한다.

"신장은 물을 주관하고, 오장 육부의 정기를 받아서 저장한다. 그래서 오장 육부가 왕성하면 신장이 정기(정액)를 내보낼 수 있다. 지금 오장 모두가 쇠약해져서, 뼈와 근육이 기운이 없어 늘어지고 천계[4]가 다했으니, 머리와 수염이 하얗게 세고 몸은 무겁고 걸음 걸이가 불안하면, 더 이상 자식을 가질 수 없게 된다."

---

3) 육부는 위, 소장, 대장, 방광, 담(쓸개), 삼초이다. 삼초는 현대의학에서 정의하기 어려운 무형의 장부이다.
4) 천계天癸; 남자와 여자로서 이차 성징을 일으키고 생식을 가능하게 하는 물질

윤소정-진정한 무병장수를 위해

그렇다면, 우리는 언제 노화를 느낄까? 사람마다 '내가 나이가 들었구나.' 실감하는 순간은 조금씩 다를 수 있다.

통통하던 얼굴 살이 빠지고 볼이 움푹 들어간다거나 머리카락이 뻣뻣하고 탄력이 없어지면서 흰머리가 날 때처럼 겉으로 드러나는 모습에서 느낄 수 있다. 눈이 침침하고 가까운 곳을 보는 게 점점 힘들어지거나 관절이 뻑뻑해질 때는 서글픔까지 밀려온다. 초창기에는 '요즘 스트레스를 받아서 그런가? 컨디션이 안 좋아서 그런가 보다.'라고 생각하며 노화의 증상인 줄 모르고 지나친다. 조금 더 시간이 지나면 '아직 이럴 나이는 아니잖아, 잘 챙겨 먹고 잘 자면 좋아지겠지.'라며 스스로에게 위로를 건넨다. 그렇지만 점차 예전과는 뭔가 다른, 일상생활에서 무시할 수 없을 정도의 불편함을 느낄 때면 '아, 나도 늙는구나.'를 받아들이게 된다.

물론 외형적으로 나타나는 변화도 큰 부분을 차지하지만, 실은 보이지 않는 부분이 더 중요하다. 숙취가 오래가고, 소화력이 떨어지고, 소변이 시원치 않고, 쉽게 호흡이 가빠지고 가슴이 두근거리는 증상을 예로 들 수 있다.

한의학에서는 인체의 내부 장기, 오장 육부를 중시하는데 이것들이 건강해야 뼈와 근육·인대, 관절과 피부의 기능이 제대로 작동한다고 보았다. 보고 듣고 맛보고 냄새 맡고 호흡하는 눈·귀·입·혀·코의 기능도 마찬가지이다.

심지어 감정과도 연결시켰다. 자꾸 화가 난다거나, 쉽게 기뻤다가 쉽게 우울해지고, 생각이 꼬리에 꼬리를 물고 끊이지 않는 괴로움, 슬픔에 빠져서 헤어 나올 수 없는 것, 작은 일에도 놀라거나, 두려움과 공포를 느끼는 것도 오장 육부의 균형이 맞지 않아서라고 설명한다.

'겁이 없다, 무모하다'는 뜻의 '간이 부었다', '소심하다'는 의미인 '담이 작다', '마음에 거슬려 속이 상한다'는 뜻의 '비위가 상하다'는 표현도 오장 육부와 감정과의 관계를 반영한 말이다.

이렇듯 현대의학에서 뇌가 담당하는 부분까지, 한의학에서는 오장 육부의 영역으로 파악하고 진단과 치료에 활용했다.

예를 들어, 수험생들에게 처방하는 총명탕은 학습과 기억에 도움을 주는 한약이다. 여기에는 복신, 원지, 석창포가 들어가는데 이들은 모두 심장에 작용한다. 원지는 정신을 안정시키고, 복신은 심장을 편하게 하며 마음을 안심시킨다. 석창포는 막힌 것을 뚫어주어 기와 혈의 순환을 도우며, 정신이 혼미해진 것을 치료한다.

건망, 기억력 감퇴를 치료한다고 하면 당연히 뇌에 작용하리라고 생각할 수 있지만, 한의학에서는 총명탕의 효능에 대해 '심허心虛로 생긴 건망증에 쓴다.'라고 소개한다. 심장의 기운이 약하고 혈액순환이 잘 안되면, 잘 놀라고 불안해하며 가슴이 답답하고 건망증이 심해진다. 이럴 때 총명탕은 심장의 기혈을 보태주어 마음을 안정시킴으로서 기억력을 돕는 것이다.

총명탕은 실제 뇌질환에 다양하게 활용되며, 치매에도 유의한 효과가 있다는 연구결과가 보고되었다. 그 기전을 곱씹어 살펴보면, 오장 육부와 뇌 그리고 정신과의 상관관계에 대해 새롭게 생각해 볼 수 있다.

이처럼 우리 몸의 안과 밖, 육체와 정신을 오장 육부의 건강과 조화에서 찾았기 때문에 앞서 인간의 성숙과 노화에서도 오장 육부의 정기에 대해 언급한 것이다.

'나이가 들면 아이가 된다.'는 말이 있다. 일반적으로 한 살 한 살 나이를 먹을수록 철이 들고, 이해의 폭이 넓어져 관대해지고 성숙해진다. 그런데 왜 이런 말이 생겼을까?

노인이 되면 혼자 거동하기가 힘든, 그래서 아이처럼 도움을 필요로 한다는 육체적인 문제만 지적한 것은 아니다. 때로는 작은 일에 상처를 받고 섭섭함을 느끼거나 감정의 기복이 심해지기도 한다. 이러한 정신적 변화 역시 육체적 노화와 관련이 있다.

육체와 정신은 전혀 별개 같지만 긴밀한 관계를 맺고 있다. 현대의학에서 정신질환을 질병으로 받아들이고 치료한 것은 그 역사가 길지 않다. 불과 얼마 전까지만 해도 우울증을 성격의 문제라고 생각한 것만 보아도 알 수 있다. 반면 한의학은 오래전부터 오장 육부와 감정, 정신을 함께 다루었다.

노화를 바라볼 때도 마찬가지이다. 한의학에서는 겉으로 드러나 쉽게 알 수 있는 증상과 몸 안쪽에서 서서히 일어나는 변화, 그리고 심리적인 요인까지 종합적인 면을 살피고 있다.

# 4. 동의보감에서 제시하는 불로장생의 비법

동의보감은 내경편, 외형편, 잡병편, 탕액편, 침구편 그리고 목차 2권으로 이루어졌다.

내경편에는 신체의 내부, 외형편에서는 신체 외부와 관련된 내용을 담았고, 잡병편에는 구체적인 질병에 관해, 탕액편에는 약, 침구편에서는 침과 뜸에 대해 이야기한다.

이중 노화에 대해서는 내경편 제1장 신형身形에서 주로 다루었다.

'늙는 것은 혈기가 쇠약해지기 때문이다.'라는 소제목 아래에는 다음과 같은 내용이 있다.

"사람의 양쪽 신장 중간의 흰 막 속에 한 점의 움직이는 기가 있는

데, 이것이 변화를 부추겨서 온몸을 돌아 삼초를 훈증하여 음식을 소화시키고 밖으로는 육음(六淫)을 막고 안으로는 온갖 생각을 감당하는데, 밤낮으로 쉬지 않는다.

나이가 들어 정精과 혈血이 모두 소모되면 칠규七竅[5]가 정상 작용을 하지 못한다. 울 때는 눈물이 나오지 않고 웃을 때 오히려 눈물이 나며, 코에서 걸쭉한 콧물이 많이 나오고, 귀에서는 매미 우는 소리가 난다. 음식을 먹을 때는 입이 마르고 잠을 잘 때 침을 흘리며, 오줌이 저절로 나오고 대변은 굳거나 설사한다. 낮에는 졸음이 많고 밤에는 누워도 정신이 말똥말똥하여 잠이 오지 않는다. 이것이 노인의 병이다."

여기서 신장 사이에 있는 동기動氣란 오장 육부와 경맥(기혈이 순환하는 기본 통로) 기능의 근본이 되는 것으로, 생명의 근원을 말한다.

삼초는 상초·중초·하초로 구분되는데, 중초는 비위를 중심으로 하는 복부, 상초는 중초의 위쪽인 흉부, 하초는 중초의 아래쪽인 배꼽 아래 하복부이다. 삼초는 기운과 혈액의 순환을 촉진하며 음식물을 소화시켜 영양물질을 온몸에 운반하고, 수분 대사에 참여하며 몸에서 생기는 쓸모없는 물질들을 대소변으로 나가게 한다.

육음은 병을 일으키는 여섯 가지 원인으로 풍바람;風, 한추위;寒,

---

5) 얼굴에 있는 7개의 구멍으로, 귀 2개·눈 2개·콧구멍 2개·입 1개이다.

윤소정−진정한 무병장수를 위해

서더위;暑, 습습기;濕, 조건조함;燥, 화불;火이다.

정(精)은 신장에 저장되어 있는 정기로, 인체를 구성하고 생명활동을 유지하는 기본 물질이다. 우리 몸의 생장과 발육, 생식기능을 담당한다.

이러한 용어를 바탕으로 위의 내용을 요약하면, 다음과 같다.

아랫배에 있는 생명의 근원으로부터 시작된 기운이 기혈을 순환시키고 음식을 소화시켜 전신에 영양을 공급한다. 그로 인해 외부로부터 들어오는 나쁜 기운을 막아, 질병에 걸리지 않고 몸과 마음이 건강할 수 있다. 그런데 노화되어 정혈이 줄어들면 몸이 제대로 기능하지 못한다.

생명의 근원이 아랫배에 있다는 것은 정精이 신장에 저장되어 있고, 그만큼 신장이 인체의 성숙과 노화 그리고 생식에 있어 중요한 장부임을 의미한다. 단전호흡을 하거나 단전에 힘을 기르는 수련을 하는 것도 이러한 이론에 근거를 두고 있다.

동의보감에서 소개하는 '건강하게 오래 살게 하는 약'의 첫 번째는 경옥고[6]이다.

그리고 경옥고가 바로 정精을 채워주는 처방이다. 경옥고의 효능에

---

6) 생지황, 인삼, 백복령, 꿀로 구성된 처방

대해 '모든 손상된 것을 보하고 온갖 병을 없애며, 정신이 좋아지고 오장의 기가 충실해진다.'고 설명하며, '흰머리가 검어지고 빠진 이가 다시 나오며 걸음이 말이 달리는 것과 같아진다.'라고 표현했다. 경옥고는 피로할 때, 기침이 날 때, 치아가 시릴 때, 사지마비 등 다양한 증상에 사용할 수 있는 보약이다.

이는 동의보감에서 당부하는 '노인병의 치료'와도 연결된다. 노인을 치료할 때는 쓰거나 찬 약을 쓰지 말고, 땀을 많이 내거나 몹시 토하게 혹은 세게 설사시키는 것을 주의해야 한다. 대신 성질이 순하고 부드러운 약으로 조리하면서 병을 치료해야 한다.

병에 집중한 나머지 사람을 살피지 못하면 오히려 위험할 수 있다는 뜻이다.
예를 들어, 노인이 암에 걸리면 진행이 느리다. 이때 암을 없애려고 독한 항암제나 방사선 치료를 감행하는 것보다 그 추이를 지켜보는 방법을 택하는 것과 비슷한 맥락이다.
그리고 이런 면에 있어서 한의학의 보약은 큰 장점이 된다. 보약이라고 하면 일반적으로 영양제의 개념으로 생각할 때가 많다. 물론 허약하고 부족한 면을 보충해 준다는 측면도 있지만, 그보다 더 중요한 것은 그로 인해 인체의 균형과 조화를 맞추어 정상적인 기능을 회복함으로써 스스로 병을 이겨낼 수 있는 힘을 길러주는 것이다. 다시 말해, 보약 역시 한의학에서는 치료약이다.

약 외에도 동의보감에서는 다양한 양생법을 설명하는데, 그중 몇 가지를 소개한다.

1) 사람이 오래 살려면 곤륜崑崙;머리을 닦아야 한다. 이 말은 곧 머리를 자주 빗고, 손으로 얼굴을 자주 문지르고, 이를 자주 마주치고, 침을 늘 삼키고, 기를 정밀하게 단련해야 한다는 말이다.

열이 나도록 손바닥을 문질러 양쪽 눈에 대고 따뜻하게 비벼주기를 매번 20회씩 하면, 눈이 침침한 것이 저절로 없어져 눈이 밝아지며 풍風도 없어진다. 이마를 머리카락이 난 부위까지 위로 14번씩 문지르면, 얼굴에서 자연히 광택이 난다. 코의 양옆을 가운뎃손가락으로 20~30번씩 문질러 겉과 속에서 모두 열이 나게 하면, 코에 물을 대서 폐를 촉촉하고 윤택하게 하는 것이다. 귓바퀴를 횟수에 구애받지 않고 여러 번 손으로 문지르면, 신장의 기운을 보하고 귀가 어두워지는 것을 막는다.

- 한의학에서 코는 폐, 귀는 신장, 혀는 심장, 눈은 간, 입은 비위의 건강과 관계가 있다.

2) 신 음식을 많이 먹으면 힘줄을 상하고, 쓴 음식을 많이 먹으면 뼈를 상하고, 단 음식을 많이 먹으면 살에 이롭지 않고, 매운 음식을 많이 먹으면 정기가 소모되고, 짠 음식을 많이 먹으면 사람의 수명을 단축하니, 치우치게 먹지 말아야 한다.

유비백세-有備無患 百歲無難

3) 늘 너무 힘든 일을 줄이고 너무 피곤하게 하지 않고 감당하기 어려운 일을 억지로 하지 말아야 한다. 흐르는 물이 썩지 않고 문의 지도리가 좀먹지 않는 것은 그것이 늘 운동하기 때문이다. 오래 걷거나 오래 서 있거나 오래 앉아 있거나 오래 누워 있거나 오래 보거나 오래 듣지 말아야 한다. 이런 것들이 모두 수명을 손상 시키기 때문이다.

4) 사람이 마음을 비우면 맑아지고 바르게 앉으면 고요해지니, 말을 적게 하고 듣는 것을 적게 하여 정신과 수명을 보존한다. 말을 많이 하면 기가 손상되고, 지나치게 기뻐하면 감정이 흩어지고, 화를 자주 내면 의지를 상하게 되며, 슬퍼하고 골몰히 생각하고 염려하는 것이 많으면 정신이 상하고, 탐욕과 수고로움이 많으면 정(精)을 상하게 된다.

5) 편안할 때 위태로울 것을 염려하여 미리 막아야 한다. 비록 어렸을 때 손상을 받아 기가 약하고 몸이 말랐을지라도 나이가 들어 이러한 것을 깨달아서 병을 예방하고 몸을 보익한다면, 기혈이 충분하고 정신이 저절로 넉넉하게 되어 자연히 오래 살게 된다.

한의학에서는 조화와 균형을 강조한다.
시고, 쓰고, 달고, 맵고, 짠 다섯 가지의 맛을 골고루 섭취해야 하며, 너무 배고프기 전에 먹고, 먹어도 지나치게 배부르게 먹지 말라고 한다.

감정도 어느 한쪽에 치우치는 것을 경계한다. 심지어 즐겁고 기쁜 감정이라도 그것이 과했을 때 문제가 생길 수 있다고 한다. 많이 웃으면 오장을 상하게 되고, 너무 즐거워하면 의지가 넘쳐나고, 너무 기뻐하면 헛갈리며 혼란해지고, 너무 좋아하면 미혹되어 사리를 분간하지 못하기 때문이다.

한 가지 동작을 오래 하는 것도 조심하라고 당부한다. 과한 것은 부족함만 못하다는 것은 건강관리에도 마찬가지로 적용된다. 예를 들어, 운동이 건강에 좋다고 하지만 자신에게 맞지 않은 운동을 선택하거나 한 번에 과도하게 하면 오히려 부상 같은 부작용을 일으킬 수 있다.

건강은 건강할 때 지키는 것이 가장 쉽다.

노인의 병이 어려운 이유는 노인이 걸리는 병이 특별히 위험한 질환이기 때문이 아니라, 전반적인 몸의 기능이 약해졌기 때문이다. 젊을 때 다치면 회복하기가 쉽지만, 나이가 들면 다르다. 노인에게 있어 중풍, 암보다 더 무서운 것이 낙상이라는 말도 이 때문이다. 특히 골반 같은 큰 관절에 골절이 일어나면, 이것 자체도 낫기가 힘들지만 오래 움직이지 못함으로 인해 소화력이 떨어지고 대소변을 시원하게 보지 못하는 등 전체적인 몸의 컨디션에 영향을 끼친다. 이렇게 한번 약해진 것은 다시 좋아지기가 어렵고 시간이 굉장히 오래 필요하다.

바쁜 현대인들이 건강을 위해 따로 시간을 내는 것은 말처럼 쉽지 않다. 해야 할 일은 늘 밀려있고, 마음은 여유가 없다.

거창한 목표가 부담스럽고 이루기 힘들다면, 아주 작은 것부터 시작해 보자. 1시간에 한 번은 자리에서 일어나서 허리를 편다거나 목을 이리저리 움직여 스트레칭을 하자. 하루 종일 스마트폰과 컴퓨터, TV 같은 전자기기에 노출된 눈을 잠시라도 감아보자. 끝없이 머릿속에서 떠오르는 생각과 고민을 잠시 멈추어보자.

결심만 하고 실행하지 못했다고 자신을 너무 탓하지도 말자. 욕심을 많이 내면 뜻이 흐려지고, 근심을 많이 하면 마음이 두려워지고, 다짐이 과하면 오히려 의지가 흩어진다고 동의보감은 이야기하고 있다.

# 황순유

## 오늘도 즐겁습니다

노는 게 제일 좋은 뽀로로 인생. 좋은 음악과 사연을 소개하는 라디오 DJ로 매일 밤 TBN교통방송 <황순유의 낭만이 있는 곳에>를 진행하며 다양한 공연 무대의 MC로 활동 중이다. 경인방송 공채 1기로 방송을 시작해 KBS 6시내고향, 세상의 아침 등 TV프로그램의 리포터로 또 라디오 <황순유의 해피타임907> PDJ로 활동했다. 사랑의 꿈빵을 전하는 (사)꿈베이커리와 시각장애인을 위한 송암점자도서관의 홍보대사로 활동하고 있다. 세 아이를 키우는 워킹맘으로, 있는 그대로의 '황순유'를 아끼는 한 남자의 아내로 부지런히 일상을 채우며 여전히 사랑과 꿈과 낭만이 있는 소녀의 마음으로 살고 있다. 말하는 일이 직업이지만 마이크 앞에서 다하지 못한 말은 글에 담는다. 저서로는 《77년생 엄마 황순유》,《내일은 더 잘될 거예요》가 있으며 다정한 말과 친절한 글의 힘을 믿는다.

유비백세-有備無患 百歲無難

## 오늘이 즐거우니
## 좋지 아니한가!

'또 하루 저물어간다.

머물러 있는 청춘인 줄 알았는데...'

김광석의 <서른 즈음에>를 들으며

술잔을 기울이던 청춘들은

머리가 희끗희끗해진 이제 와서 코웃음을 친다.

"아니, 서른 살이 뭘 알아?"

물론 마흔 살이라고 해서 크게 다르지는 않다.

양희은의 노래 <내 나이 마흔 살에는>에서는 날아만가는 세월이 야속해

붙잡고 싶었다고 했으나 마흔을 훌쩍 넘긴 지금은 "아니, 마흔이 뭐 별거야?

반 백 살은 되어봐야 인생을 알지!"라며 피식 웃는다. 그렇다고 해서 쉰 살이 되면,

육십이 넘으면, 칠십이 되면 반드시 인생을 아는 것도 아니다. 어쩌면 죽는 날까지

모르는 게 인생일 수도 있다.

가끔 <100살 노인이 들려주는 삶의 지혜> 등의 글을 접하게 되는데 그 삶의 지혜

를 남에게만 들려주는 건 너무 아깝지 않은가! '살아보니 이렇게 했어야 했다.' 등의

교훈은 남이 아닌 나를 위한 것이어야 한다. 지금 자신의 삶에서 가장 중요한 것은

무엇일까? '노는 게 젤 좋은 뽀로로 아줌마'로 살고 있는 나는 '오늘이 즐거운 인생'

이 목표이다. 오늘을 갉아 먹으며 내일의 성을 쌓기에는 지금 이 순간이 너무도 아

깝지 않은가? 오늘이 즐겁지 않은데 내일이 행복할 수는 없다. 인생 1회차를 살고

있는 우리는 매일 실수투성이일 수밖에 없지만 조금은 더 나은 인생 후반을 위해서

준비해야 한다. 집을 장만하고, 가족을 꾸리고, 종신 보험을 준비하는 고리타분한

노후 대비 말고 백 살까지 살아도 늘 즐거운 인생을 위해서. 오늘이 즐거워서 내일

이 기다려지는 하루하루가 쌓여 행복한 인생을 채우며 살고 싶다.

# 1. N잡러의 시대

5! 4! 3! 2! 1! 해마다 다가오는 순간임에도 우리는 12월 31일에서 다음 해 1월 1일로 넘어가는 그 순간을 늘 설레는 마음으로 기다리곤 한다. TV에서는 한 해를 마무리하는 각종 시상식을 진행하다가 보신각 타종 행사 현장으로 화면을 넘겨 해가 바뀌는 순간을 생중계하곤 했다. 그중 1999년에서 2000년으로 바뀌던 때에는 단순한 기대와 설렘을 넘어 걱정과 긴장이 앞서기도 했는데 노스트라다무스의 예언을 들먹이며 세상이 멸망하면 어떻게 할 것이냐, 생애 마지막 순간을 누구와 함께 보낼 것이냐 등 무시무시한 상상을 했고, 1999년에서 2000년으로 넘어갈 때 컴퓨터의 오류로 많은 문제가 생길 거라는 공포감에 'Y2K 재난 물품'을 준비한 사람들도 있었다. 사람들은 밀레니엄 시대가 되면 세상이 어딘가 대단히 많이 변할 거라 기대하고 걱정했다. SF 공상 영화에서나 볼 법한 맹랑한

유비백세-有備無患 百歲無難

이야기들에 상상력을 듬뿍 보태어 호기심 가득한 목소리로 얘기하기도 했다. 사람이 하는 일을 로봇이 대체할 것이다, 석유 말고 전기를 연료로 하는 차가 나올 것이다, 현금이 필요하지 않은 세상이 올 것이다 등 당시에는 허무맹랑했던 이야기가 2023년 지금은 현실의 모습이 되었다. 주문한 음식을 로봇이 서빙하고, 운전대를 잡지 않아도 안전하게 자율주행으로 고속도로를 달릴 수 있으며, 종이책보다 전자책을 선호하는 애독자들이 많아지고 있으니 세상은 분명 달라졌다.

2000년 2월, 대학 졸업을 앞둔 어느 날, 한 선배가 말했다. "평생직장의 시대는 갔습니다. 우리는 평생직업을 준비해야 합니다."라고. 나는 사회생활을 시작한 이후 지금까지 노스트라다무스보다 이름난 점쟁이보다 이 선배의 예언이 정확했다고 생각해왔다.

우리 부모님의 시대는 '평생직장'이라는 게 존재하던 시절이다. 한 번 입사하면 말단 직원에서 주임이 되고 과장이 되고 부장이 되고, 일을 할 수 있는 최대한의 날들을 끌어모아 직장을 위해 헌신했다. 그러니 드라마에서도 '내가 평생을 바쳐 일한 이곳', '내가 일궈낸 회사'라는 대사가 자주 등장했던 것이다. 실제로 나의 아버지도 젊은 시절부터 '몸 바쳐' 일했던 직장에서 정년퇴직을 하셨으니 평생직장이 성공으로 여겨지던 그 시절에는 당연히 성공한 인생을 사는 가장이었다.

대학을 졸업하고 사회생활을 시작한 2000년. 진짜로 세상이 달라졌다. 뼈를 묻을 만한 평생직장은 없지만 내가 잘할 수 있는 일, 내가 능력을 뽐낼 수 있는 분야에서 몸값을 올리며 일터를 옮겨 다니는 일이 적지 않아졌다. 심지어 부장급 이상으로 덩치가 너무 커지기 전에 (즉, 직급이 너무 높기 전에) 이동하는 것이 가장 바람직하다는 공식이 나돌기도 했다. 기업에 입사했던 친구들은 벤처기업에 꽤 괜찮은 직급으로 이동했고, 자기 아이디어로 창업하는 일도 흔히 볼 수 있었다.

시선을 살짝 방송가로 돌려보자면 공채 출신의 공중파 아나운서들이 웃음 섞인 진심으로 하는 말이 있다. "MBC의 아들이 되겠습니다.", "KBS에 뼈를 묻겠습니다.". 물론 그들은 각 방송사에서 소위 잘나가는 아나운서로 가장 주목받았지만 결국 제일 먼저 프리 선언하는 모습을 우리는 여러 번 경험했다. 이미 평생직장의 시대는 가고 평생직업의 시대가 펼쳐진 것임에 틀림없다.

세상은 계속 다른 모습을 그려낸다. 세상이 또 달라졌다. 싱어송라이터 권나무 씨는 현직 초등학교 교사이다. 학기 중에는 초등학생 아이들을 가르치며 여가를 이용해 음악 작업을 하고 주말이나 방학 중에는 크고 작은 공연장을 찾으며 본인의 음악 무대를 선보인다. 아이들을 가르치고 아이들의 꿈을 키워주는 선생님으로 또 음악을 하고 공연을 여는 뮤지션으로 본캐와 부캐 사이를 넘나들며 '권나무'라고 하는 하나의 인생을 살고 있다.

유비백세-有備無患 百歲無難

《저 청소일 하는데요?》 라는 엉뚱한 제목의 독립출판물이 있다. 스물일곱 살의 작가는 청소일을 시작했다. 하고 싶은 일을 하고 꿈을 꾸기 위해서 해내야만 하는 '해야 하는 일', 그 선택이 바로 청소일이었다.

우리는 그 누구도 생계와 꿈 사이에서 자유로울 수 없다. 바라는 일이 있으면 그것을 이루기 위해 덜 하고 싶거나 혹은 하기 싫은 일도 해야만 하는 것이 우리 성인들이 짊어진 삶의 책임이다. 대학'씩'이나 나와 취업은커녕 그 많은 직업 중 선택한 직업이 청소부라니!, 라는 세상의 편견을 비웃기라도 하듯 결국 그녀의 책은 독립출판 이후 기성 출판사와 계약하여 2쇄를 찍기도 하였다. 생각해보면 우린 수많은 편견 속에서 살아가는 어리석은 존재이다.

우리가 살고 있는 21세기는 그야말로 N잡러의 시대이다. 한 직장에 뼈를 묻기가 쉽겠는가? 몸값을 올려가며 이리저리 이동하는 일이 쉽겠는가? 그렇다고 이 일과 저 일을 동시에 수행하는 것인들 쉽겠는가? 세상에 쉬운 일이 없다는 건 모두가 안다. 다만 시대의 변화와 흐름에 맞게 내 삶의 태도를 바꿀 수 있는 여유가 필요할 뿐이다. 본캐과 부캐를 넘어 이제는 여러 개의 명함을 가진 N잡러를 준비해야 하는 시대이다.

# 2. 부부의 세계, 10년 경신제

잘 알고 지내는 한 선배가 말했다.

"내가 국회의원이 되면 결혼 10년 경신제를 제안할 거야. 옛날처럼 나이 육십에 죽는 것도 아닌데 한 사람이랑 어떻게 평생을 같이 살아? 상대가 싫어서가 아니지. 일단 처음에 결혼할 때 10년만 사는 게 제도야. 그리고 딱 한 번은 연장할 수 있어. 그러면 한 사람이랑 20년까지는 살 수 있는 거지. 그리고서 다른 사람이랑 결혼을 할 수도 있고 안 할 수도 있고."

처음 이 얘기를 들었을 때는 '아니, 이 무슨 말도 안 되는 소리인가?'라고 생각했었다. 자리에서는 "에이, 그게 뭐예요? 그럼 족보가 완전히 꼬이는데. 그러다 두 번째 세 번째 가정에서도 자식을 낳으면 애들 족보도 완전히 꼬이는 건데요?"라고 말하며 한참을 웃었는데 두고두고 생각해보니 어쩌면 먼 미래에는 진짜 그럴 수도 있겠다는 생각이 들었다. 심지어 그즈음에 만났던 기혼남녀들에게 이 얘기를 전했더니 다들 미친 소리 취급을 하다가도 결혼 10년제에 대한 의견을 보탰다. 마침내 "이거 공약으로 내세우는 사람 있으면 뒤에서는 욕하다가도 아마 투표소 들어가서 다들 찍고 나오겠는 걸?" 하는 말이 나오자 다들 강력하게 부인하지 못하며 배꼽을 잡고 웃었던 적이 있다.

예전 드라마나 영화를 보면 소위 노처녀, 노총각이라고 하는 언니나 오빠가 등장하곤 했다. 결혼하고 싶지만 '못'하고 있는 캐릭터로. KBS 드라마 〈올드 미스 다이어리〉, SBS 예능 〈골드 미스가 간다〉에서처럼 혼령기를 지난 이들을 노처녀 또는 노총각 취급하던 시절이 있었으나 지금은 무척 무례한 표현일 뿐만 아니라 '결혼 적령기'라는 말 자체가 성립되지 않을 것이다.

실제로 20대 청춘 남녀에게 있어서 연애와 결혼은 별개의 이야기이고 결혼을 해야 한다는 당위성 자체가 희미해졌다. 아들 둘, 딸 하나가 있는 나 역시도 '우리 아이들이 꼭 결혼을 해야 하나? 그냥 인생 즐기면서 살면 좋겠다.'는 생각을 종종 하는데 어디 나쁜이겠는가? 그러니 당연히 결혼율은 점점 낮아질 수밖에. 이런 가운데 〈혼인 기간별 이혼율〉이라는 서울 열린 데이터 광장의 자료가 흥미로웠는데 결혼 생활이 30년 이상, 25~29년 이상으로 같이 산 시간이 비교적 긴 부부의 이혼율이 급격히 높아지고 있다는 사실이다.

'검은 머리 파뿌리 되는 날까지' 오래오래 행복하게 살겠다는 신랑·신부의 다짐은 서로 다른 집안 분위기, 육아의 고충, 경제적인 불만족 등 여러 이유로 흔들리고 결정적으로는 '성격 차이'라는 명목으로 마침표를 찍는다.

처음 '황혼 이혼'이라는 말이 등장했을 때 사람들은 '이제껏 같이 살았으면서 힘든 거 다 지나고 뭐 하러 이제 와서 헤어진다는 말인가?', '나이 육십 넘어서 뭐 새로울 게 있다고 이혼이야? 그냥 대충 맞춰가며 살지!'라고 하면서도 한편으로는 '남은 인생도 수십 년인데 앞으로는 새롭게 살고 싶은가 보지!'에서 시작해 '오죽했으면', '이제라도' 제2의 인생을 응원했다.

그러나 결혼이라는 제도 자체가 혼자만의 일이 아니고 수십 년의 결혼 생활 동안 생긴 자식, 그동안의 재산(안타깝게도 빚일 수도 있다) 등의 복잡한 이유로 이혼 대신 '졸혼'이라는 용어가 새롭게 생겼다. 법적인 부부 사이는 유지하면서 각자 따로 살아가는 결혼도 이혼도 아닌 상태. 이 또한 사람들은 '아니 그럴 거면 뭐하러 따로 살아? 그럼 부부인 거야 아닌 거야?' 하여간 남의 일에 관심도 많으셔. 남들이 뭐라 하든 이혼할 사람은 이혼하고, 졸혼할 사람은 졸혼한다.

행복한 결혼 생활을 오래 유지하는 비결이 무엇일까? 결혼식장의

유비백세-有備無患 百歲無難

주례처럼 서로를 존중하며, 서로 사랑하며, 서로 배려하는 마음으로 초심을 잃지 않는 것이라고 대답할 수도 있겠다.

나에게 묻는다면, 나는 '따로 또 같이' 살아가는 부부로 오래 남고 싶다. 살아가는 어느 시기에는 따로보다 같이의 시간이 더 많을 수 있고 또 어느 시기에는 같이보다 따로의 시간이 더 많을 수 있지만 각자의 시간과 각자의 공간과 각자의 영역이 존재해야 비로소 서로의 본디 모습을 인정해줄 수 있다는 얘기다. 이성적으로 백 번 인정한다고 해도 육아나 살림, 직업적인 일의 여건상 '따로 또 같이'라는 가치관이 현실적으로 불가능할 때가 생기지만 그럼에도 불구하고 '나는 나, 너는 너, 우리는 우리'라는 생각이 밑바탕이 되면 좋겠다. 내가 좋아하는 칼린 지브란의 《예언자》에 나오는 문장이다.

Sing and dance together and be joyous,

but let each one of you be alone.

Even as the strings of the lute are alone

though they quiver with the same music.

함께 노래하고 춤추며 즐거워하되

각자는 혼자이게 하라.

마치 현악기의 줄들이 하나의 음악을 울릴지라도

줄은 서로 따로이듯이

각자의 일을 하고, 각자의 친구를 만나고, 각자의 취미를 즐기며 살아가는 혼자인 삶 속에 함께 하는 일이, 함께 만나는 친구가, 함께 즐기는 취미가 더욱 빛나지 않을까?

세상은 언제나 상상 그 이상의 모습으로 변해가기 마련이기에 지금이야 '말세다, 막장이다' 얘기하는 '결혼 10년제' 공약은 어쩌면 그리 멀지 않은 때에 현실이 될 수도 있다. 하지만 부부의 세계가 '따로 또 같이' 함께 살아가는 세계라면 '그 둘은 오래오래 행복하게 살았습니다.'라는 동화 속 결말처럼 살아갈 수 있을 것이다.

유비백세-有備無患 百歲無難

# 3. 이기적 인생

몇 해 전 아빠의 인생을 길지 않은 책으로 만들어드린 적이 있다. 두 달여간의 프로젝트였는데 매주 아빠와 만나서 인터뷰를 하고 그 내용을 토대로 '전지적 아빠적 시점'에서 인생을 돌아보는 자서전 형식의 글이었다. 40년이 넘는 세월 동안 아빠와 함께했지만 처음 들어보는 이야기들이 얼마나 많았는지 "진짜? 정말로?"를 연발하기도 하였고, 열 살도 되지 않은 꼬마가 6·25를 겪으며 얼마나 무서웠을지 또 피난에 피난을 거쳐 떠돌이 생활을 했던 어린 시절이 얼마나 힘겨웠을지를 상상하며 왠지 모를 애틋함도 느꼈다.

딸 셋과 아내 그리고 홀어머니까지 먹여 살려야 했던 지금 내 나이쯤의 아빠를 상상하며 고달프고 외로웠을 그 세월에 죄송함까지 더해졌다. 하지만 아빠는 지금도 나와의 인터뷰가 진행되던 그해 여름을 가장 빛났던 순간으로 기억하시곤 한다. 지나온 인생을 돌아볼 수 있었던 소중한 시간이었다고.

"이제는 다 큰 세 딸에게 인생을 살아가는 데 있어서 꼭 해주고 싶은 말씀이 있다면?"이라는 나의 마지막 질문에 아빠는 이렇게 대답했다. "이기적으로 살아라. 그 누구보다 나를 먼저 생각하고, 나를 먼저 챙기며 살아가라." 내가 예상하던 대답이 아니었다. 이미 결혼해서 가정을 이루고 아이들을 키우고 있는 딸들에게 하실 말씀이라고 하기에는 썩 모범 답안이 아니기에 "에이, 딸들이 이미 한 남자의 아내이고, 아이들의 엄마인데 어떻게 이기적으로 나를 먼저 생각하며 살아요?"라고 다시 묻자 아빠는 주저 없이 "그래도 인생의 중심에는 항상 나를 먼저 두어라. 나를 먼저 생각하고 그다음에 남을 챙기며 살아도 세상 사는 데 아무 문제없으니까." 라고 말씀하셨다. 이 질문과 대답은 짧은 대화로 끝났지만 여러 해가 지난 지금까지 나의 가슴에 새겨져있다.

'끝까지 말할 수 없다'라는 신념으로 정년퇴직한 아빠의 특수한 직업(실제로 내가 원한 아빠 자서전의 그림은 이랬다. 제목을 '이제는 말할 수 있다'라고 달고 누구라도 궁금해했던 아빠의 직업적인 이야기를 듣고 싶었다. 하지만 아빠가 '여전히 말할 수 없다. 끝까지 말하지 않는 것이 원칙이다'라는 이유로 대답을 회피하셔서 자서전의 방향을 바꿀 수밖에 없었다.), 딸 셋을 낳아 집안의 대를 이을 수 없는 종갓집 외아들이 짊어진 부담감, 백 살을 눈앞에 둔 노모와

팔십을 바라보는 아내 이 두 여자와 함께 사는 노년의 삶, 거기에 비밀스러운 직업까지 생각해보니 아빠의 인생은 원하는 것을 누려보지 못한 채 책임감만 짊어지고 살아온 세월이었다. 그런 아빠가 말씀하신 '이기적인 인생'이라는 것은 결코 이기적일 수 없는 것이었다.

삼 남매를 키우는 나는 일을 쉬어 본 적 없이 20년을 넘게 워킹맘으로 살았다. 주변에서는 "너처럼 애 셋 키우면서 니 만날 친구 다 만나고, 니 하고 싶은 일 다 하고, 원하는 거 다 이루면서 사는 사람 못 봤어. 애 하나만 있어도 쩔쩔매는데 말이야."라고들 하는데 그럴 때마다 나는 "만나고 싶은 친구도 더 많았고, 하고 싶은 일도 더 많았고, 앞으로 하고 싶은 일들이 더 많아."라고 대답한다.

남자든 여자든 아이를 낳은 이후의 삶은 당연히 희생과 양보가 전제된다. 물론 여자들에게는 훨씬 더 크게. 행복과 보람이 더 크지 않냐고 묻는 사람도 있겠지만 무엇이 더 크고 작고의 문제를 떠나 육아와 살림이 동반되는 결혼 생활은 그렇지 않은 삶과 애초에 비교 대상이 아니다.

나 또한 다른 기혼 여성, 엄마들의 삶과 비교할 때 내가 많은 것을 누리며 살았다는 것은 인정한다. 적어도 "몇 년만의 외출이에요!", "아이 없이 나와본 게 언제였는지 기억이 가물가물해요." 등의 말을 해본 적은 없으니까. 내가 육아 이외의 내 생활을 유지할 수 있었던 가장 첫 번째 비결은 체력이었다. 나의 체력이 받쳐줬기 때문에 가능한 일이었다. 온종일 일과 육아에 최선을 다하고 아이들이 잠든 밤에라도 심야 영화를 보았고, 휴일이면 아이들 먹을거리와 놀거리를 준비해두고 남편에게 맡긴 후 친구들을 만나기도 했다. 부부의 데이트도 포기할 수 없으니 한 번은 시댁, 한 번은 친정에 아이들을 재우고 남편과 심야 데이트를 하기도 했다.

이제 대학생, 고등학생, 중학생이 된 아이들에게도 여전히 엄마는 필요하다. 주변에서는 "그 정도면 다 키웠네, 이제 손 갈 일 없겠어!"라고 하지만 손이 덜 갈 뿐이지 여전히 할 일은 차고 넘친다. 나는 아이를 키우는 엄마들이 우선순위를 정하면 좋겠다. 무조건 아이들 위주로 살다가 남는 시간에 내 삶을 즐기려면 내 차례는 절대 찾아오지 않는다.

사람이 가장 유치하게 서러워지는 순간을 꼽으라면 나는 먹고 싶은 것을 먹지 못할 때와 아픈데 아무도 챙겨주지 않을 때를 꼽을 것이다. 만일 아픈데 아픈 걸 알아주는 사람이 없어서 먹고 싶은 것을 먹지 못하는 상황이라면 세상 제일 서럽고 억울한 마음이 들 것이다. 적어도 나라면 말이다. 라디오 진행을 하다 보면 '아이 낮잠 자는 사이에 물 말아서 밥 먹고 있어요.'라는 사연을 받을 때가 종종 있다. 물에 만 밥이 맛있어서 그리 먹는 거라면 말릴 이유가 없겠지만 보통은 그렇게 먹고 있는 자신이 초라하다는 사연이다.

유비백세-有備無患 百歲無難

어릴 때부터 밥, 끼니, 식사를 중요하게 여겼던 나는 '대충 먹어 치웠다, 한 끼 때우자' 등의 표현에 무척 거북함을 느낀다. 적어도 자기 자신을 아끼고 소중히 여긴다면 쓰레기를 처리하듯 먹어 치운다고 표현할 리 없다. 투 뿔 등급의 한우까지는 아니더라도 적어도 따뜻한 밥에 따뜻한 국이나 찌개 그리고 밑반찬 정도는 아니 그도 안 되는 상황이라면 적어도 따뜻한 계란 프라이 정도는 챙길 수 있지 않을까?

다른 사람을 위해서는 훨씬 더 품이 많이 드는 요리를 하면서 정작 나 자신을 위해서는 왜 그만큼의 노력도 하지 않는 것일까? 이 상황은 비단 육아에 지친 엄마들에게만 해당하는 이야기는 아니다. 혼자 사는 사람들 그리고 가족이 모두 늦게 들어와 혼자 밥을 먹어야 하는 상황에서 '대충' 먹는 일이 생기지 않으면 좋겠다. 나를 위한 정성스러운 밥상을 차릴 줄 아는 사람, 나의 한 끼를 존중할 수 있는 당당한 사람들이면 좋겠다. 누가 어머님은 짜장면이 싫다고 했던가? 천만의 말씀. 어머니도 짜장면을 좋아하시고 어머니도 남이 해준 밥이 가장 맛있단다.

재작년 나는 골프를 시작했다. 이전에 요가, 필라테스, 스쿼시, 수영 등. 몸치인 나를 극복하기 위해서 다양한 운동에 도전했지만 재미를 붙이지 못했다. 도대체 이 운동들이 뭐가 재미있다는 거지? 물구나무서기를 너무나 가볍게 하는 사람들도 있고, 땀을 흠뻑 흘리고 나면 기분이 상쾌하다는 사람들도 있었으나 운동의 짜릿함을 논하기에 안타깝게도 나는 등록한 기간만큼도 다니기 귀찮아하는 그저 헬스장의 호구일 뿐이었다. 그랬던 내가 골프를 배우기 시작한다고 하자 주위에서는 "이제껏 하지도 않던 골프를 굳이 첫애가 고3인 해에 시작해야 하냐?"며 핀잔을 줬지만 나는 "그럼 나는 언제 해? 큰애 졸업하면 둘째가 고등학교 입학하고, 둘째 졸업하면 셋째 입학하고 그러다 보면 나도 아프고 늙겠지? 그럼 나는 언제 시작하라고?"라고 대답했다. 지금은? 지금은 골프는 나의 인생 운동이라 여기며 여전히 즐기고 있다. 나의 취미가, 나를 위한 시간이, 나를 위한 외출이 왜 '이기적'이라는 건지 잘은 모르겠지만 그럼에도 불구하고 그 이기적임을 포기하지 않으면 좋겠다.

최선을 다해 아이들을 키우고, 최선을 다해 나의 일을 하였으며, 최선을 다해 잘 놀고 잘 먹은 나는 운동을 하고, 드럼을 배우며, 가끔은 친구와 훌쩍 여행을 떠나고, 어쩌다 한 번은 자신을 위한 선물을 준비할 줄도 안다. 언뜻 읽어서는 별것도 아니고 너무 당연한 일상들이지만 사실 쉽지 않다. 그러니 백세인생을 준비하고 있는 우리 중년들은 남은 생을 고민할 때 내가 좋아하는 것, 내가 남들보다 잘할 수 있는 것, 나를 위한 시간을 확보하는 것 등을 우선순위에 두어야 한다. "나를 먼저 생각하는 삶이 당연한 것인데 왜 이기적이라는 것이냐?"라고 물으신다면 할 말은 없겠으나 일터에서 가정에서 또 사람과의 관계에 있어서 우리는 나보다 남을 먼저 생각하는 무척이나 착한 인생을 살고 있으니 말이다.

# 4. DEAR MY FRIENDS

'100살'까지 사는 게 소원이셨던 우리 할머니는 100살을 두 달 남기고 아흔아홉 살 가을에 돌아가셨다. 백 살 가까이 사셨다는 사실 자체만으로도 감사할 일이고 할머니와 함께 산 우리에게는 많은 추억이 남아 더더욱 감사할 일이었지만 사람이 죽은 일에 호상이 어디 있겠는가? 우리 가족은 슬펐다. 더 잘 해드리지 못해서 그리고 다시는 볼 수 없어서.

우리 형제 그러니까 할머니의 손주들은 주변에 부고를 전하지 않고 장례를 치렀다. 친척들과 할머니와 친하게 지내셨던 동네 분들 그리고 상주인 아빠의 지인들이 조문객의 전부였는데 장례를 치르는 기간 내내 나는 '친구'의 존재에 대해 다시 생각하게 되었다. 이미 정년퇴직을 한 지도 20년이 훨씬 넘은 아빠에게 친구들이 끊임없이 찾아오셨다.

백발노인들이 찾아온 장례식장은 그때부터 웃음바다가 되었는데 〈웬만해선 그들을 막을 수 없다〉 또는 〈지붕 뚫고 하이킥〉같은 시트 콤처럼 우스운 상황이 연발했다. 방명록 앞에서 손이 떨려서 이름 쓰기가 어렵다고 하시고, 영정 사진 앞에서 절을 하러 엎드렸다가 일어나지를 못하시고, 핸드폰 벨 소리는 어찌나 큰지 장례식장에 쩌렁쩌렁 울려 퍼졌으나 이 모든 상황은 전혀 실례가 되지 않았다.

그저 백 살 노모의 마지막 길에 인사하러 와준 여든 살 상주의 고마운 친구들일 뿐이었다. 할머니의 친구들도 조문을 오셨다. 물론 아흔아홉 살 동갑내기 친구들은 아니고 열 살은 더 어린 동네 동생들이지만 수십 년을 친하게 지내온 세탁소 아줌마와 가겟집 아줌마는 관절이 좋지 않아 불편해진 걸음으로 찾아와 진심 어린 조문을 하고 가셨다.

아주머니들과 얘기를 하다 보니 생각나는 일이 있었다. (판돈이 아무리 작다고 해도 범법 행위일 수는 있겠으나 몇 해 전, 물론 그때도 아흔이 넘은 연세였지만) 할머니는 동네 분들과 화투를 치시곤 했다. 고스톱은 치지도 못하시고 그래봐야 그림으로 짝 맞추는 민화투에 심취했던 잠깐의 시기가 있었는데 나를 비롯한 우리 가족들은 "점당 10원을 치더라도 노름은 노름이다, 뉴스에서 보면 꼭 도박꾼들만 잡혀가는 거 아니다."라는 인간미 없는 얘기를 늘어 놓으며 할머니를 말렸다.

하지만 지금에 와서 생각해보니 10, 20, 30 점수를 세는 계산력과

유비백세-有備無患 百歲無難

화투 동지들끼리 나누는 시시콜콜한 대화 덕분에 할머니는 더 오랫동안 총명한 기억으로 사실 수 있었을지도 모른다는 인간적인 생각이 들었다. 할머니는 집 대문을 나가면 골목에서부터 말을 걸어오는 정선 엄마, 계란 아줌마, 송 씨 할머니 등 많은 친구가 있어 외롭지 않으셨을 것이다.

가족들은 비슷비슷한 사람들로 맺어지는 건지 가족이어서 닮아가는 건지는 모르겠으나 엄마 역시 옛날 셋방 살던 아줌마들, 동네 채소 트럭 아저씨 혜미 아빠, 보건소 요가 교실에서 만난 아줌마들에, "내 옆자리가 장민호 엄마였다."며 그렇게 자랑하는 노래 교실 친구들까지…. 살면서 알게 되는 많은 사람과 꾸준히 남은 삶을 즐기며 행복하게 익어가는 중이다.

나? 말해 뭐해? 하루의 시간표를 정해 놓아야 할 만큼 만나야 할, 만나고 싶은 친구들이 많다. 물론 사람을 많이 만나는 이가 외롭지 않다는 이야기는 아니지만. 마음을 터놓을 수 있는 진실한 친구가 단 한 명만 있어도 그 인생은 외롭지 않다고 했다. 날이 좋아서 날이 좋지 않아서 날이 적당해서 갑자기 불러낼 수 있는 친구, 술을 마시고 꽐라가 되어도 다음 날 창피하지 않을 친구, 시시콜콜 다 얘기하지 않아도 내 기분을 읽어줄 수 있는 친구. 과연 나에겐 그런 친구가 있는지. 행복하게도 감사하게도 나에게는 있다.

어릴 때는 원하든 원하지 않든 학년이 올라가면 늘 수십 명의 새로운 친구들을 만났다. 공부를 잘하는 아이, 예쁘게 생긴 아이, 웃기는 아이, 장난꾸러기, 가끔은 우리 반에 그런 아이가 있는지 없는지 모를 정도로 존재감 없는 아이 등 학년 초에 쏟아지는 새로운 친구와의 관계를 다시 경험하게 된 건 아이들을 키우면서부터였다.

3월이 되면 반별로 학부모 모임을 조직했고 그 안에서 마음이 가는 사람, 웬만해서는 피하고 싶은 사람, 그리고 어릴 때와 마찬가지로 우리 반에 그런 이가 있었는지조차 기억나지 않는 무채색의 사람까지. 아이 셋을 키운 나는 그런 새로운 만남이 늘 흥미로웠다. 일단 사람에 대한 경계심이 별로 없는 성격이기도 하고 내가 만나는 엄마들의 세계는 웬만한 개그 콘서트보다 훨씬 흥미로웠다. 어떤 이들은 동네 엄마들과의 만남이 너무도 소모적이라 인사 정도만 하고 지낸다고도 하는데 나는 이 친구들이 너무 좋다. 아이들을 키우는 동안 이 친구들이 없었다면 나는 얼마나 외로웠을까? 상상할 수 없을 정도로.

그러는 동안 문득 남자들의 퇴근 이후 삶이 눈에 들어오기 시작했다. 예전 우리네 아빠들 세대는 퇴근하고 늦게까지 술 마시고 귀가하고, 일요일에 집으로 친구들이 오기도 했다. 그 시절에도 무척 가정적이었던 우리 아빠만 해도 일요일마다 바둑을 두러 오시는 바둑 아저씨가 있었다. 조 선생님, 경동 아저씨로 기억하고 있는 바

유비백세-有備無患 百歲無難

둑 아저씨들은 무려 초코파이를 사오시고 가시기 전에 우리에게 백 원짜리 동전 몇 개를 꼭 챙겨주셨으니 우리로서는 반가운 손님이었다.

시대가 바뀌어 주 5일제 근무에 칼퇴근 문화가 생기고 더불어 회식 문화까지 건전해졌다. 남자들이 집과 동네에서 보낼 시간이 절대적으로 많아졌다는 얘기다. 그런데 아이들도 공부하느라 또 친구들과 노느라 바쁘고, 아내들은 아이들 돌보느라 또 아이들의 엄마들과 만나느라 바쁘다. 아이를 키우면서 속상한 일이 있을 때 엄마들은 비슷한 고충을 안고 있는 동네 친구들을 만나 쏟아낸다. 그러면 '나만 그런 게 아니구나, 우리 애가 이상한 게 아니구나!'를 느끼며 위안을 받곤 한다. 남자들에게도 동네 친구가 필요하다.

어디선가 '남자들의 은퇴는 동네로의 데뷔'라는 표현을 듣고 무릎을 치며 공감한 적이 있다. 운동을 같이 할 친구, 가끔은 호프집에서 치맥을 함께 나눌 친구, 별 이유 없이도 연락해서 만날 수 있는 친구가 가장 편한 차림으로 만날 수 있는 동네에 있다는 사실이 얼마나 행복한 일인지 아는 사람은 알 것이다.

인생의 과정을 지나면서 우리는 많은 사람을 새로 만나고 또 헤어진다. 그중에는 오랜 인연으로 이어지는 만남도 있을 테고 시절 인연으로 매듭지어지는 관계, 또 다시는 보고 싶지 않은 철천지

웬수 같은 사이도 있을 것이다. 나와 마음 맞는 좋은 인연들을 곁에 두는 '사람 부자'로 사는 게 나의 인생 목표 중에 하나인데 다행히 아직까지 나는 잘 늙… 아니 익어가는 중이다.

# 5. 나 연구소

【남이 잘되면 배가 부르고, 파란색과 고양이와 꽃이 좋은 보통 사람】이라고 적힌 명함을 건네받고 무척 신선했던 기억이 난다.

본디 명함이란, 사회적인 관계에서 주고받는 이름표와 같은 것이므로 보통은 이름과 연락처를 알고 있는 사이더라도 소속, 직책 등 자신을 내세울 수 있는 항목들을 기재하여 뽐내기 마련인데 자신이 뭘 좋아하는지를 적은 명함이라니! 참 멋있어 보였다. 몇 년 후면 바뀔 수도 있는 소속이나 직책보다는 내가 무얼 좋아하는지, 내가 어떤 사람인지를 알리는 명함이 훨씬 매력적이지 않은가!

그러고 보니 하나 더 생각이 났다. 공중파 방송을 하던 한 선배 언니는 해외 발령이 난 남편을 따라 미국으로 갔다. 자기 하나만을 믿고 하던 일까지 버려가며 낯선 곳에 함께 와준 아내에게 남편이 명함을 선물해줬는데 '○○○, 한국에서 가장 유명한 방송인'이라고 써있었다는 것이다. 한국에 어떤 방송인들이 있는지 알지도 못할뿐더러 안다 해도 군이 사실인지 아닌지 확인할 이유가 없는 현지의 외국인들은 명함에 쓰인 그대로 언니를 '한국에서 가장 유명한 방송인'으로 대접을 해주었다고 한다. 참 멋지지 않은가!

라디오를 진행하는 나는 종종 문자 주제로 이런 걸 제시한다.
'나를 표현하는 세 가지를 적어주세요. 나이, 직업 이런 거 말고 취미가 뭔지, 지금 제일 관심 있는 게 뭔지, 뭐할 때 가장 행복한지. 진짜 여러분의 이야기를요!'
내가 만일 지금 이 책을 읽고 있는 당신에게 같은 질문을 던진다면 과연 고민 없이 대답할 수 있을까? 물론 좋아하는 것, 관심 있는 것, 하고 싶은 일에 대한 대답은 변하는 게 당연하다. 지금의 나에게 묻는다면 나는 라디오와 공연을 좋아하고, 골프를 할 때 행복하며, 적당한 알코올에 수다가 있는 분위기를 무척 좋아한다. 그렇다면 【라디오와 골프와 와인을 좋아하는 웃음이 많은 사람】 정도로 정리할 수 있겠다.

사람은 누구나 '원하는' 것들이 있다. 어떤 사람들은 자식이 좋은 대학이 합격하는 것, 좋은 집으로 이사하는 것, 건물주가 되는 것 등을 원할 수 있겠으나 내가 바라는 것들은 그저 '나'를 중심으로

유비백세-有備無患 百歲無難

하는 것들이다. 라디오와 공연 진행을 더 오래 하고 싶고, 좋은 사람들과 평생 맛있는 와인을 마시고 싶으며, 아픈 데 없이 기력이 닿는 나이까지 골프 라운드를 나가고 싶으니 말이다.

그리고 무엇보다 나는 내가 원하는 대로 살고 싶은 사람이다. 이런 나의 이기적인 마음 때문에 누군가는 외롭고 서러울 수 있으나 공허한 마음은 자기 자신 스스로가 채워야 한다고 생각한다.

성인이라면 적어도 나 자신을 채울 수 있는 다양한 방법을 알고 있어야 한다. 취미, 여행, 친구, 술, 돈 등 꼽으라면 많지 않은가? 나 자신을 잘 알고 있는 사람, 그리고 그런 나의 모습을 당당히 세상에 드러낼 수 있는 사람은 행복하다. 나의 공허함은 나로 인한 것이지 절대 남 때문이 아니다.

내가 누구인지, 내가 어떤 사람인지는 내가 가장 잘 알아야 한다. 이러한 질문을 남에게 던지는 건 나에 대한 노력이 부족했기 때문이다. 남에게 관심 갖고, 남에게 충고하고, 남에게 간섭할 시간에 나에 대해 더욱 부지런히 연구한다면 나이가 들수록 마음이 채워지는 걸 느낄 수 있을 것이다. 아직도 자신을 잘 모르겠다면 오늘부터라도 잘 고민해보시기를. 내가 누구인지. 내가 무엇을 잘하는지, 내가 무엇을 원하는지 나도 모르는 나를 테스 형이 어찌 안단 말이더냐?

# 송하영

## 일상의 위대함이 채워 줄 나의 백세

피아니스트 송하영은 2004년 예술의 전당 리사이틀 홀 데뷔 후 국내외 크고 작은 음악회로 꾸준히 대중과 함께 해 왔다. 고도원의 아침편지문화재단과 연세대학교 RC하우스 허브프로그램, 한국 외국어 대학교, 동작구청 평생 학습관 등에서 "클래식 테라피" 라는 주제로 인문학과 클래식의 조우를 통해 그녀만의 깊은 철학적 고뇌와 폭넓은 인문학적 소양을 강연한 바 있다. 열정적 강연과 다양한 연주 활동을 병행하여 진정한 클래식의 대중화에 힘쓰고 있으며 그 일환으로 유튜브 채널, < 뭉쳐야 클래식, 뭉클 > 도 운영하고 있다. 아울러 2022년에는 학교 밖 청소년 들을 위한 (사) 들꽃 청소년 세상의 홍보 대사로 위촉 되어 예술을 통한 사회운동에도 힘쓰고 있으며 "어느 피아니 스트의 서시"(청소년 권장도서) "마음아 괜찮니" 등의 저술활동도 활발하게 이어가고 있다.

유비백세-有備無患 百歲無難

# 세상만사가 춘몽 중에  또다시 꿈같도다.

작곡가도 미상이요,
작사가도 미상인 희망가의 한 대목이다.

부질없음을 논하는 '염세철학'이 가르치는 바는
세상만사가 모두 쓸 데 없으니 매사를 우습게 여기거나
혹은 쉽게 포기해 버리라는 것이 결코 아니다.

그저 불필요한 집착, 그 '연연함'을 버리란 것이다.

물 위를 걸을 땐 기꺼이 물에 젖어야만 한다.
우리는 물 위를 걸으면서 젖지 않으려고 한사코 애를 쓴다.
그 불가능한 것들을 꿈꾸며 애쓰는 부질없는 노력들은
'열정'이 아니다. 그러기에 우리의 삶은 너무도 길다.

백세인생의 한 가운데. 행복한 삶을 위해 유일하게 닿아야만 하는 경지는
바로 그 '부질없음'의 의미를 진정으로 아는 경지다.

부질없음을 안다는 것은 받아들일 수 없는 것을 기꺼이 외면하는 것이다.

"세상만사가 춘몽 중에 또다시 꿈같도다."

'일장춘몽'은 헛되고 또 부질없을지언정
얼마나 따뜻하고 어찌나 몽롱하며
그리하여 아름다운 것이냔 말이다.

# 1. 소소하지만 위대한 일상

평범한 일상이 쌓여 만든 위대한 소원

때는 바야흐로 모두가 백세를 산다는 장수시대다. 불로장생은 아마 우리 모두의 공통된 꿈일 것이다. 정말 오래 살고 싶나. 개똥밭에 굴러도 이생이 낫더라던데. 무엇이 우리를 그토록 살고 싶게 하는 걸까.

오래 전 본 영화가 있다. 불치의 병에 걸려 언제 세상을 떠날지 몰라 하루하루 위태로운 시한부 삶을 사는 한 고등학생의 일생일대 마지막 소원을 다룬 영화다. 아까운 나이에 매일 세상을 떠날 준비를 해야만 했던 주인공의 마지막 소원은 어처구니없게도 고작 '어느 여인과의 하룻밤'이었다. 어느 인간의 일생일대 마지막 소원

유비백세-有備無患 百歲無難

치곤 거창하기는커녕 너무 원초적이고 본능적인 것이어서 영화를 보는 사람들로 하여금 실소를 금할 수 없게 하였으나 그러거나 말거나 영화 속 주인공은 정말 진지했다. 그리고 그 주변의 모든 친구들도 주인공의 마지막 꿈을 진심으로 이해한다는 듯 적극적으로 그의 꿈을 이루기 위해 동참했다.

고작 '하룻밤'이란, 어찌 보면 하찮게도 여겨질 그 꿈을 이루는 것은 예상외로 간단하지 않았다. 불치병을 투병 중이었기에 당연히 교제하는 여인이 있을 리가 만무했고, 아직은 미성년자였기에 다른 어떤 뾰족한 방법을 찾을 수도 없었다.

하지만 주인공의 마지막 소원을 꼭 이뤄주고 싶어 했던 주변 친구들과 가족은 정말 최선을 다해 방법을 찾고 또 찾았다. 마지막 소원을 이뤄주기 위한 과정이 너무도 파란만장했기에 보는 내내 정말 배꼽이 빠지도록 웃고 또 포복절도하기도 했던 코믹 영화였으나 세상을 곧 떠나야만 하는 주인공의 마지막 '소원'이 그렇게 소박한 '본능'이었다는 것과 사랑하는 친구들과 가족들이 떠나는 주인공에게 마지막으로 선물하길 간절하게 원했던 것 역시 그저 평범한 일상의 하나였다는 것도 나에겐 묵직한 울림을 주는 그런 영화였다.


비운의 시대와 삶을 온몸으로 살아냈던 구한말의 천재 소설가 이상李箱 1910~1937의 마지막 유언 또한 일상에 대한 담담한 애착이었다. "멜론이 먹고 싶소." 끊어지는 숨을 간신히 이으며 힘겹게 겨우

뱉었던 마지막 말은 작품에 대한 위대한 언급도, 가난하고 가혹했던 자신의 운명에 대한 한탄도, 나라를 잃은 빼앗긴 민족의 애끓는 슬픔도 아닌 그저 일상이었다. 천재적 문학가의 마지막 소원 역시 앞 서 말 한 영화 속 주인공의 '마지막 소원'처럼 그저 평범하고 소박한 일상이었다.

죽음을 앞두고 위대한 사명이나 역사적 책임 혹은 임무 같은 거창하고 대단한 것들을 아쉬워할 사람은 정작 세상에 몇 명 없나보다. 생의 마지막 순간을 두고서 가족이나 늘 곁을 지켜주었던 주변인물들이 아닌 멋지고 환상적인 백마 탄 왕자를 기다리고 찾는 사람 또한 아마 없을 것이다.

그럼에도 불구하고 우리는 늘 일상과 주변을 희생하면서까지 이루고자 하는 욕심과 욕망들을 품고 산다. 그러니 부처는 "중생이 죽음을 잊고 사는 것이 너무 희한하다." 고 했었나. 우리는 그렇게 늘 영생을 살 것만 같이 행동한다.

그러나 욕망과 욕심의 존재가 빛을 발 할 수 있는 것은 '내일'이 반드시 영원히 존재한다는 전제가 있을 때이다. 그러므로 "무기력한 삶을 탈피하고 열정적인 삶을 살라"며 독려하고 응원하기 위해 사람들이 흔히 말하는 "오늘이 마지막인 것처럼 살라"는 충고도 백세인생의 후반전을 준비하는 지금의 나에겐 전과는 사뭇 다르게 받아들여진다. 일상을 대가로 치를 만큼 거룩한 숙명은 없다.

거창한 꿈을 위해 일상을 양보하는 것은 아무 의미도 없다. 평범한 일상은 나에겐 더 이상 시시한 것이 아니다. 어쩌면 내 마지막에 가장 간절할지도 모를 '위대한 소원'이다.

# 2. 가장 큰 장수 리스크, 돈

## 돈 그리고 일

'장수 리스크'라는 말이 있다. 예상보다 평균수명이 급격히 늘어나면서 미처 준비하지 못한 노후의 위험요소를 말한다. 그 장수리스크 중에 가장 대표적인 리스크가 바로 '돈' 아닐까.

돈 걱정으로부터 자유를 얻으려면 일단 우리는 열심히 일을 해야 한다. 아쉽게도 2023년은 3년간이나 전 세계가 시달렸던 코로나 장기여파와 더불어 역시 장기전으로 치닫고 있는 우크라이나 전쟁 등으로 인해 근대 역사상 가장 힘든 한 해가 될 것이라고 모든 경제 전문가들이 입 모아 말하고 있다. 앞으로 당분간은 모두가 힘든 시기를 보내야만 할 것이다. 모두가 부자를 꿈꾸는데 세상은 점점

유비백세-有備無患 百歲無難

일하는 것마저도 어려워지고 있다는 말이다. 그러니 그것이 무엇이 되었든 일할 수 있다는 것은 정말 큰 축복이다. 노동은 더 이상 고됨이 아닌 행복이다. 그 '일과 노동'이 곧 우리의 직업, 즉 밥벌이가 되기 때문이다.

아무리 좋아하는 취미생활이라도 하루 여덟 시간 이상 매일매일 그렇게 오랜 세월 계속 한다는 것은 사실상 불가능하다. 그런 일은 우리 '직업' 말고는 없다. 우리는 스스로의 직업을 간혹 '밥벌이'나 '고된 노동' 등으로 비하하며 투덜대지만 그래도 책임감 있게, 최선을 다해 해낼 수 있는 일은 '내 적성에 맞고 내가 사랑하는 취미'가 아닌 바로 내 '직업'이다.

많은 예술가들이 코로나 시국에 무대를 잃어야만 했었다. 힘들었던 그 시기에도 삶은 하루하루 계속 되어야만 했기에 그들은 원래 전공과는 아무 상관없는 다른 직업을 선택했다. 악기 대신 자전거나 오토바이의 핸들을 잡고 배달을 하거나 단순한 아르바이트를 하며 자신의 삶과 가족을 열심히 부양했다. 전에 그들이 아름다운 작품을 만들기 위해 무대 위에서 다했던 최선만큼 그들은 새로운 밥벌이에 열과 성을 다했었다. 그렇게 최선을 다 하는 모습은 그들이 무엇을 하든 무대에서의 모습만큼, 아니 그보다 훨씬 더 아름다웠다. 적어도 내 눈에는 그랬다.

예술이 무엇이관데. 감히 제아무리 감동적인 예술작품이라도 나와 내 가족의 하루하루를 무너뜨리지 않고 지탱해주는 물질적

토대를 만드는 '일'보다 더 감동적이며 존엄할 수 없다. 일상을 살아가는 우리에게 노동이란, 일이란, 직업이란 그렇게 매일매일 벅찬 감동이란 것을 나는 '코로나 시국'을 통해 알게 되었다. 나와 내 가족을 살게 하는 것. 그보다 더한 감동이 세상 어디에 있을까.

노후에 혹시 모르게 찾아 올 장수 리스크를 해결하기 위해 경제적 여유를 위한 '돈'을 많이 모으는 것도 정말 필요하고 중요한 필수요소지만 그보다 어쩌면 은퇴 후에도 계속해서 할 수 있는 일들을 찾아 일을 멈추지 말아야 하는 이유가 나는 바로 여기에 있다고 생각한다. 나의 하루를 살게 해주는 '직업'은 온전히 나를 살아있다고 뼛속까지 느낄 수 있게 한다. '노동'만이 자기 자신을 가장 가치 있게 만든다. 할 수 있는 한 최선을 다 하는 모든 일은 때로 예술보다 감동적이다. 그러니 굳이 사회가 정한 일정 나이에 다다랐다고 '은퇴'라는 한계를 스스로 두지 말고 언제든지 할 수 있는 일들을 찾아 계속 과감히 도전할 수 있었으면 좋겠다.

## 일을 대하는 마음

한비자는 "세상의 모든 장의사들은 세상 사람들이 어서 목숨을 다하길 바라야만 한다."고 했다. 그래야 자신이 돈을 많이 벌어 부자가 될 수 있으니까. 무릇 '프로의식'이란 그렇게 스스로의 직업이 창출하는 이윤에 대해 냉정하게 생각하는 것이라 했다. 그러나 나는 그렇게 생각하지 않는다. 나의 직업이 창출할 이윤을 위해 모두의 불행을 기원하는 것은 부자가 될 수 있을지는 몰라도 직업에 대한 진정한 프로의식이라고 볼 수 없다. 프로의식 안에는 그 직업이 사회에 미치는 영향력이 반드시 포함되어 있어야 한다.

보람 없는 일을 계속 한다는 것은 불행이다. 아울러 그렇게 이기적으로 자신의 이윤만을 생각한다면 직업자체에 대해 사람들의 마음을 얻지 못할 것이고 많은 사람들의 진심어린 마음을 얻지 못하니까 그 직업에 대해 긍정적으로 생각하는 사람들이 없어지는 것이고 그러므로 그 직업이 결국 천해지는 것이다.

청소를 한다 해도 내가 할 수 있는 일을 해내고 있다며 만족하고 그로인해 나와 가족의 일상을 지키고 누릴 돈을 벌고 있으며 아울러 나의 직업으로 인해 깨끗해질 환경을 누리는 행복한 모두를 생각하는 것, 나는 그것이 진정한 '프로의식'이라고 생각한다. 그래야 우리의 직업이 모두에게 긍정적인 마음을 얻을 수 있을 것이다. 그제야 나에게 보람이란 것도 찾아온다. 직업의 귀천을 만드는 것은 '사람들'이 아니다. 그 직업에 종사하는 당사자들의 마음이다.

## 의미 있는 일을 찾아야 한다

심리학자들이 공통적으로 하는 말이 있다. 인간은 '고통'을 통해 어떠한 기쁨과 희열을 느낀다는 것이다. 아무 걱정이 없이 즉 고통 없이 사는 사람은 고로 지구상에 단 한 명도 없다. 인간은 억지로

라도 적정량의 고통을 스스로에게 만든다고도 했다. 예를 들어 있는 집에 태어나 학벌도 좋고 직업도 좋고 하는 일 모두 술술 잘 풀려 걱정이 하나도 없어 보이는 사람들은 하다못해 엽기적으로 매운 떡볶이라도 먹어서 스스로를 어떻게든 고통스럽게 만들고야 만다고 한다.

'먹방'이라는 콘텐츠에 종종 등장하는 믿을 수 없을 만큼의 매운 음식이나 감당할 수 없을 만큼의 많은 양을 정해진 시간 안에 빨리, 많이 먹게 하는 어찌 보면 가학적인 내용들이 대중에게 인기를 끄는 이유도 재미있고 흥미로운 형식을 입힌 '고통'의 한 모습이기 때문이란 것이다. 대중은 '먹방'을 보면서 '고통의 대리만족'을 한다. 나는 충분히 일리가 있다고 생각했다.

흔히 우리가 뉴스에서 보는 재벌 2세들의 경우만 봐도 그 많은 돈에 좋은 교육을 받아 훌륭한 학벌을 갖고 또 어마어마한 규모의 아버지 회사를 큰 노력과 별다른 경쟁 없이 수월하게 물려받아 그냥 살아만 있어도 술술 잘만 풀려나갈 운수대통의 인생인 것 같은데도 정작 그런 사람들일수록 마약이나 비정상적인 쾌락에 집착하는 것과도 같이 이치가 아닐까 한다.

걱정이 없는 삶은 스스로 걱정거리를 꼭 만든다. 그러므로 고통이 어차피 인간의 피할 수 없는 본능이라면 반드시 스스로의 삶에 좋은 영향을 갖는 '의미 있는 고통'을 각자 빨리 찾아내야 한다. 엽기적으로 매운 떡볶이를 먹거나 엄청난 양의 음식을 매우 빠른 시간 안에 먹어버리는 것이나 마약, 쾌락, 그런 자극적인 '고통'은 일종의

'자학'이므로 순간적인 흥미와 재미 말고는 남는 것이 없다.

의미 있는 고통이란 무엇일까. 역사를 살펴보면 평범한 우리의 상식으로는 절대 이해할 수 없는 '정의로움과 공의로움' 같이 보이지 않는 것에 목숨을 바쳐 희생적인 삶을 살았던 사람들이 꼭 있다. 그런 사람들 덕분에 인류는 멸망하지 아니하고 고맙게도 역사를 계속 이어 오는 것이다. 이를테면 독립투사 같은 사람들. 일반인들이라면 감내하기 어려운 엄청난 고통과 희생의 과정 속에서도 위대한 업적을 끝내 이룰 수 있었던 이유는 고통 속에서 얻는 그들만의 행복과 만족이 분명히 있었을 것이란 뜻이다. 물론 평범한 우리들이 그렇게 역사적 사명을 지닌 거창하고 엄청난 고통과 희생을 찾을 필요까지야 있겠냐마는 우리가 해낼 수 있는 범위 안에서 '최선의 고통'과 '의미 있는 고통'을 찾는 것은 우리의 행복을 위해 매우 중요하다.

우리가 찾을 수 있는 소소한 '최선의 고통'이란 매일 하는 직업과 일 그리고 살아가는 일상의 생각과 습관들이 단지 나와 내 가족만을 위한 이기적인 것이 아닌 모두가 함께 사는 우리 사회 전반을 위하게 하는 것, 내 주변에 나보다 더 어려운 사람들을 절대 모른척하지 않는 것, 나보다 약한 사람들과 동물을 보호하는 것, 다소 귀찮고 번거롭더라도 편리함보단 환경을 먼저 생각하고 지키는 것 등이지 않을까.

나의 도움이 필요하다고 간절한 신호를 보내는 그 어떤 작고 하찮은 움직임이라도 결코 간과하지 않을 때 우리 삶에 수반되는 약간의 고통들이 우리를 괴롭히는 것이 아닌 '최선의 고통'이 되어 우리 삶을 오히려 풍요하고 행복하게 만들어 줄 것이란다.

## 돈 그리고 투자

성실하게 벌어 알뜰하게 모으는 삶이 모범적 정답이다. 그러나 이젠 이것만으로는 아마 모두가 부족하다고 생각할 것이다. 아껴서 잘 사는 시대는 우리 부모세대로서 벌써 끝이 났다. 그래서 더 나은 황혼을 꿈꾸는 우리는 '투자'라는 것을 한다.

20대 대학생들을 대상으로 한 수업을 진행하며 나는 꿈을 물었었다. 뭔가 푸르른 젊음들이 토로하는 꿈이란 얼마나 낭만적일까 하는 기대를 내심 품었었다. 내가 어렸을 때처럼, 내 푸르던 젊음이 영문도 모르고 그리 불타올랐던 것처럼 그들의 꿈을 들으면 나도 모르게 가슴이 벅차오를 것만 같았다. 그러나 내 생각은 보란 듯이 빗나갔다. 그들이 거침없이 말하는 꿈은 오직 숫자였다. 얼마나 나는 놀랐었던가.

돈은 그렇게 모두의 희망이자 꿈이 되었다.

'결혼'

나는 이것이 사랑의 결실이자 인생의 새로운 출발이라고 배웠고 또 그렇게 알고 평생을 살았다. 그래서 누군가 결혼을 한다면 그 목적을 이루기 위함이요, 또 누군가 결혼을 하지 않는다면, 소위 요즘 말하는 '비혼'이라는 것도 애초에 그들이 꿈꾸는 삶에 그러한 목적을 필요로 하지 않아서일 것이라고 나는 그렇게 해석하며 살았다. 그러나 그건 순진한 나의 생각이었을 뿐이다. 이제는 그 누구도 결혼을 논하며 사랑만을 생각하지 않는다.

"제 밥그릇은 타고난다."고 하던 어르신들의 말씀은 그저 옛 말이다. 이젠 나라의 존립을 걱정해야 할 만큼 심각한 '저 출산 시대'를 우리는 살고 있다. 사랑하는 사람의 아이를 낳고 싶은 마음은 누구나 마땅히 갖는 본능일진데 이제 그 본능마저도 억제해야만 하는 것이다.

신이 인간에게 허락한 가장 로맨틱한 로망과 출산의 본능마저 억제해야만 하는 절망적 상황을 해결하기 위해 영혼까지 대출을 끌어 모아 너도나도 달려든다는 주식, 코인, 부동산 등이 어찌 젊은 이들의 그릇된 욕망이라고 나무랄 수만 있으랴. 그렇게라도 해서 번듯하게 제 삶을 만들어나가겠다는 의지를 나는 진심으로 이해한다. 할 수 있는 한 열심히 해서 부디 그들이 간절히 꿈꾸던 그 숫자를 이뤄 부자가 되길 빈다. 다만 인간의 모든 일들이 그러하듯 투자도 생각대로 술술 해피앤딩으로 끝나지만은 않을 것이다. 철저하게 공부하지 않고 얄팍한 소문에 기대어 속은 것도 모자라 영혼까지 끌어 모은 남의 돈(대출)으로 투자에 무리하게 뛰어든 것을 무조건 잘못한 일이라고 나무라지는 않는다 해도 정말로 안타깝지만 노력했던 투자가 간절히 꿈꾸고 바라던 결과로 찾아오지 않을 때 너도나도 '양화대교'에 찾아가게 하지 않으려면 투자뿐 아니라 그에 임하는 마음에 대해서도 미리 공부할 필요가 있다.

내가 피아니스트로 살면서 평생을 들여 깨달은 진리가 하나 있다. 세상만사는 정말로 정확하게 '기브 앤 테이크'라는 것이다. 대가를 지불하지 않는 한 인생은 그 어느 것도 거저 내어주지 않는다. 연주를 잘 하고 싶다면 피나는 연습을 대가로 내야만 한다.

한 번의 연습과 두 번의 연습은 분명히 다르다. 열 번은 열 번만큼의 가치가 반드시 나온다. 가끔 학부모들이 진학상담을 찾아와 하는 말이 있다. "우리 애가 공부에 재능이 없어서 피아노를 시켜보려고요" 이는 너무 무책임하고 허황된 말이다. 그리고 그 말을 실제로 이룬 사람을 나는 단 한 번도 본 적이 없다. 피아니스트를 꿈꾸는 일은 너무도 쉽고 달콤한 일이라 아무나 할 수 있겠다만 그 꿈에 합당한 대가인 고된 연습과 훈련, 그리고 자기수련을 해내는 사람은 정말로 너무 드물다. 대가를 지불하지 않는 한 이룰 수 있는 꿈이란 없다.

누구나 부자가 되길 꿈꾼다. 나도 그렇다. 그리고 노력하고 있다. 부자를 꿈꾸는 건 마치 피아니스트를 꿈꾸는 것처럼 너무 쉬운 일이지만 부자가 되기 위해선 반드시 먼저 많은 대가를 치러야만 한다. 첫째로는 아까 논한 정당한 노동과 같은 (누구나 알고 있지만 귀하게 생각하지는 않는) 평범한 일상의 대가를 반드시 치러야 한다는 것이다.

그 평범한 일상의 대가를 묵묵히 치루는 과정을 무시하여 건너뛰거나 무리하게 그 시간을 줄이려는 과도한 시도, 즉 한 방을 바라는 무모함 역시 냉정하고 참혹한 대가를 분명 치를 것이다.

얼마 전 뉴스를 통해 투자에 실패한 어느 젊은 부부가 아이까지 싣고 온가족이 차에 탄 채 강물에 몸을 던졌다는 안타까운 소식을 들은 바 있다. 경제적 불황이 아마도 계속될 것으로 예상되기에 이러한 가슴 아픈 뉴스가 끊이지 않고 들려올까봐 겁이 나는 것도 솔직한 심정이다.

세상이 힘들수록 사람들의 마음은 여려지고 귀는 얇아진다.

중요한 건 꺾이지 않는 투자 철학

"흔한 것은 귀해지고
  귀한 것은 흔해진다."

중국의 역사가이자 《사기》의 저자인 사마천이 돈에 대해 쓴 '화식열전'에 나오는 유명한 대목이다. 저 구절은 아직까지도 투자에 임하는 사람들이 반드시 유념해야 하는 문구라고 하는데 나도 역시 언제나 명심하여 기억하는, 내가 매우 좋아하는 구절이다. 말인즉슨, 무엇이든지 값이 오르고 또 그 가치가 귀해지는 이유는 곧 흔해지고 값이 떨어지기 위해서란다. 뭔가가 비싸지고 값어치가 오를 땐 오직 단 한 가지 이유밖엔 없다는 것이다. 곧 그 값어치가 떨어지기 위한 것. 그러니 세상이 떠들썩하게 무언가가 오를 땐 욕망을 다스리고 오히려 다음을 기약하는 것이 지혜다.

잘 나갈 때가 겸손할 수 있는 유일한 기회인 것처럼. 이 말은 엄청 쉬워 보이나 실천하기엔 너무 어려운 말이다. 기세에 휩쓸려 들떠버린 인간이 욕망을 다스려 겸손하게 때를 알아 그만둘 줄 안다는 것, 그저 말처럼 쉬운 일이기만 할까.

화사한 꽃이 만개하는 봄이 무르익어 그 아름다운 자태를 뽐내는 것은 우리더러 한가하게 희희낙락 꽃이나 구경하며 누리라는 것이 아니다. 곧 들이닥칠, 숨이 막힐 듯 더운, 괴로울 여름을 준비하라는 뜻이다. 주역에도 이르길, 높이 날아오르는 새가 걱정해야 할 유일한 일은 더 높게 날아오르려는 마음을 잘 다스려 오직 내려올 마땅한 자리를 찾는 것이라 했으니. 부자가 되어 여유로운 삶을 살기 위해 투자에 도전하고 싶다면 권투를 빈다. 다만 가장 중요한 건 주변의 분위기나 헛된 소문에 흔들리거나 휩쓸리지 않는 나만의 확고한 꺾이지 않는 투자 철학을 갖는 것이다. 그 철학 안에는 반드시 욕심과 욕망을 다스리는 자신만의 분명한 내용이 꼭 들어가 있길 바란다.

## 세상만사가 춘몽 중에 또다시 꿈같도다

흔히 가장 부질없는 경우를 표현하고자 쓰는 말인 '일장춘몽' 그 속에서도 또 꾸는 꿈같다고 하니 세상만사, 인생의 모든 일이 어떻게 이보다 더 부질없을 수 있을까. 세상만사는 춘몽 중에 또다시 꾸는 꿈같을 뿐이니 허망한 욕심일랑 더더욱 그럴 일이다. 부자가 되려고 도전하는 투자보다 내가 반드시 해내야 하는 평범하지만 소중한 노동을 결코 경시해서는 안 된다. 일상을 담보 잡히면서까지 사로잡히는 돈에 대한 열망이라면 분명 찢어지는 가난보다 더 위험하다.

# 3. 건강한 중년은 아름답다

우리 몸은 매우 정직한 것이어서 내가 먹은 그대로, 단련한 그대로, 마음먹은 그대로, 심지어 생각한 그대로 그 모습을 형성하여 스스로의 외모를 구성한다. 바쁘다는 핑계로 함부로 막 먹어버린 패스트푸드, 친구들과 어울려 보내는 시간이 좋아 생각 없이 과음해 버린 술, 단순히 입에서 당긴다고 마구잡이로 먹어버린 모든 음식들과 스스로 무너뜨린 삶의 질서는 우리가 살아 온 세월의 시간만큼 고스란히 함께 쌓여 겉으로 나타나게 되어있다. 그리하여 중년의 건강은 곧 '외모'이기도 하다. 건강한 중년은 단정하고 아름답다.

'건강'이라는 것이 얼마나 소중한 것인지 반백년을 살아가고 있는 요즈음, 나는 그 무엇보다 절감한다. 평소의 체중과 몸매를 중년의 나이가 되도록 유지한다는 것도 정말 존경스러울 만큼 힘든 일이고 우연히 머리를 빗다가 뭉텅이로 늘어버린 흰머리를 한 거울 속의 나를 마주하는 것은 낯설었다. 늘 잘 보이던 사물들이 어느새 흐릿하게 보임이 느껴지는 순간, 그 순간에 내가 느낀 두려움, 매일 반복되어 특별할 것도 없는 일정들이 나도 모르게 힘에 부치던 순간들. 내게 '노화'란 결코 자연스레 받아들여지던 과정이 아니었다. 어느 찰나에 한꺼번에 문득문득 밀려온 큰 파도였고 그래서 낯설고 두려운 순간이었다. 왠지 모르게 억울하고 또 서러운 일이기도 했다.

오늘이 내 인생의 가장 젊은 날이라고 다들 쉽게 말은 하지만 반대로 생각해 보면 오늘이 내가 겪는 가장 나이든 순간이기도 하다. 컵에 반만큼 남은 물을 보고 "반이나 남았다"고 하나 "반밖에 안 남았다"고 하나 각자가 받아들이는 감성적 차이는 있을망정 이 말도 저 말도 틀린 말은 절대 아니니까.


"정신은 육체를 지배한다." 정말 맞는 말이고 나도 매우 그 말에 동의하는 바이지만 삶의 매순간을 그렇게 매일 비장한 정신으로 무장하여 살 수는 없다. 건강한 육체도 매순간 우리의 정신을 지배한다.


최근 나는 요가를 배우기 시작했다. 정기적으로 특정 장소에 가서 배우기도 하지만 틈이 나는 대로 집에서든 어디든 꾸준히 스트레칭을 하려 노력한다. 쓰지 않는 근육들이 움직여지는 짜릿한 자극, 그 자극을 최소화하기 위해 스스로 터득하는 가장 효율적인 움직임, 그리고 미처 눈치 채지 못하지만 늘 열심히 하고 있는 '호흡', 그 호흡을 느끼고 다스리며 통제하는 요가는 정말 나에겐 흥미로운 '운동'이었다.

당연히 늦은 나이에 시작하여 발전하는 속도가 더디긴 하지만 하면 할수록 느는 것이 눈에 확연히 보이는 것을 알 수 있다. 더 유연해지는 움직임을 느낄 때, 움직인 만큼 더 움직일 수 있는 힘을 느낄 때, 내 몸이 이미 흘러간 세월을 담은 그저 무기력한 그릇이 아니라는 것을 확신할 때 느껴지는 엄청난 희열도 있다.

어려서부터 나는 종종 그런 생각을 하기도 했다. 운동이란 어쩌면 시간을 낭비하는 쓸모없는 '여가'일 뿐이라고. 그래서 될 수 있는 한 '낭비되는' 시간들을 만들지 않으려 늘 긴장했고 애를 썼던 나는 당연히 운동도 등한시 했었다.

앞에서도 언급했던 대로 삶이란 대가를 치른 대로 결과를 얻을 뿐이다. 당연히 건강도 거저 주어지는 선물이 아니다. 몇 년 전까지 나에겐 엄청난 빈혈이 있었고 그 빈혈 덕분으로 나는 겨우 다섯 발자국을 걷는 것도 힘들었다. 남들에겐 별 것 아닌 그런 하찮은 일상도 나에게는 힘들고 불가능했었으며 늘 만성적인 피로감이 극도로 심했고 그런 몸으로도 일을 멈출 수는 없었으므로 스트레스는 어쩔 수 없이 내 삶의 동반자가 되었다.

이번 생은 그냥 운명처럼 그렇게 살아야 하나보다 체념하던 그 때 불행인지 다행인지 코로나 시대가 왔고 그 희대의 바이러스로 온 세상이 멈추었던 그 시기에 나는 요가를 만났다. 세상에 다 나쁘기만 한 일은 없다. 나에겐 '코로나'도 그랬다. 바이러스는 세상 모두와 나를 정말 여러 가지로 힘들고 지치게 만들었으나 나의 경우 '코로나'로부터 받은 선물 역시 너무 많았다.

코로나 덕분에 갑자기 여유로워진 시간은 나를 운동에 관심을 갖게 했고 운동은 좁았던 내 삶의 시야를 넓힐 수 있게 했고 운동을 하거나 여가를 즐기는 것은 시간을 낭비하는 것이 아니라 내 삶을 위해 스스로 투자하는 귀한 시간이라는 것을 받아들이게 했다. 직업을 위해, 또 돈을 벌기 위해 쓰는 시간만 유익하고 귀한 것이 아니라 나 자신을 위해 쓰는 시간과 노력, 즉 '여가생활'도 당연하게 필요하고 또 중요하다는 생각도.


백세를 준비하는 중년의 모든 분들이 아마 대부분 나와 비슷할 것이다. 자신을 위한 삶보다는 '사랑하는 가족의 부양'을 위해 한 시도 낭비하지 않고 그렇게 열심히 달려오신 것을 우린 서로 잘 안다. 아마 내가 생각했던 것 보다 더 일분일초를 아끼고 다퉈가며 그렇게 악착같이 돈을 벌고 살뜰히 가정을 지키고 보살피며 스스로의 삶을 나름의 방식으로 명예롭게 가꿔왔을 것이다.


그러나 이제 행복한 우리의 노후를 위해, 또 앞으로 오래오래

무병장수해야만 하는 우리 '자신'을 위해 쉼 없이 달려오기만
했던 삶의 방향을 틀어야 할 때가 왔다.

내 앞에 놓인 나만의 삶, '자기 앞의 생'을 위한 시간.

# 4. 고독을 준비하자

## 아름다운 이별을 위해

인생은 아름답다 하던데.
삶이 아름다울 수 있는 유일한 이유는
우리의 삶은 유한하기 때문이다.

천년만년 지지 않는 꽃이 있다면 그 꽃을 아름답다 누가 말하겠는
가. 영원히 지속되는 것들 중에 소중하고 귀한 것은 없다. 영원하다
는 것은 늘 존재한다는 뜻이고 그러므로 언제든 다시 볼 수 있다는
말이다. 유한하지 않은 것이 애틋할 리 없고 애틋하지 않은 것이 결
코 아름다울 수 없다. 그러나 아이러니하게도 누구나 그 유한함을 두
려워한다. 그리고 영원을 꿈꾼다. 그 가당치도 않을 꿈, 아니 욕망.

회자정리會者定離 영원한 것은 없다. 모든 것엔 끝이 반드시 있다는 것을 누구나 안다. 그렇게 우리는 매일 이별하며 살고 있다. 그러나 그 누구도 이별을 좋아하지 않는다. 어느 이별도 쉬운 이별은 없고 몇 번을 다시 한다 해도 결코 익숙해지지 않는 것이 바로 이별이다.

피할 수 없다면 우리는 그 이별이란 것을 잘 맞이할 준비를 해야만 한다.

아주 사소한 물건이라도 자주 곁에 두고 쓰는 물건을 잃어버리는 것은 너무 신경 쓰이고 매우 기분 나쁜 일이다. 어디서 잃어버렸나 를 꽤나 오래 진지하게 생각하는 경우도 많고 부주의한 스스로를 오래도록 자책하는 경우도 정말 많다. 그렇게 하찮은 이별은 없다.

반대로 이미 다 써버려서 더 이상 나오지 않는 볼펜 같은 것을 잃어 버려놓고서 아쉬워하고 가슴 아파 하는 사람은 아무도 없을 것이 다. 이미 다 써버려 모두 소진한 것에 대해 아무도 미련을 갖지 않 듯, 할 수 있는 한 애를 썼고 최선을 다해 애정을 주었으며 내 모든 에너지를 다 쏟아 부어 정성을 들인 존재와의 이별은 아프겠지만 아름다울 것이다. 내 영혼을 모두 털어 사랑을 나누는 것이 결코 아깝지 않은 사람, 기꺼이 내 사랑을 퍼부어 줄 수 있는 사람들을 오래오래 내 곁에 두는 것, 시간이 갈수록 그것이 얼마나 큰 축복 이며 행운인 것인지를 깨닫는다. 더 많이 사랑하는 것은 그러므로

유비백세-有備無患 百歲無難

결코 손해가 아니다. 가장 아름답고 미련 없는 이별을 준비하는 가장 최선의 방법이다.

더 많이 사랑하는 것을 두고 세상은 흔히 '을Z의 사랑'이라 말하지만 나는 다르게 생각한다. 더 능동적인 위치에서 주도적으로 할 수 있는 사랑이 '더 많이 하는 사랑'이다. 사랑을 먼저 그만 둘 수 있는 사람도, 내가 퍼부은 사랑을 스스로 거두어 갈 수 있는 사람도, 그러므로 그 사랑이 끝난다 해도 아무런 손해를 보지 않을 수 있는 사람도, 상처를 덜 받을 수 있는 사람도, 그 사랑이 끝나버린 것에 대해 후회하지 않을 수 있는 사람도 오직 '더 많이 사랑한' 사람이다.

세상만사는 모두 생로병사의 과정을 갖는다. 아마 사랑도 그럴 것이다. '사랑의 세월'이 오래 흐르면 흐를수록 그 모습도 생로병사의 과정에 따라 변하는 것이 마땅하다. 변해버린 사랑마저도 사랑이다. 식어버린 사랑도 사랑의 엄연한 한 모습이다. 시간에 기대어 흐른 사랑의 모습 그대로를 가감 없이 받아들이는 것, 그것이 내가 가장 이상적으로 생각하는 '오래된 사랑'의 참모습이다. 오래된 사랑은 삐걱삐걱 병든 모습을 때때로 보이기도 할 것이나 사랑은 그렇게 자연스레 식는 것이지 그렇다고 없어지는 것이 아니다. 비록 신이 허락한 시간이 다 되어감에 그 사랑도 또한 마침내 끝은 있을 것이나.

## 아름다운 고독을 위한 나만의 준비

회자정리, 모든 것에 시작과 끝이 있다면 거자필반去者必返 돌아 올 것은 반드시 돌아오는 것이 또한 순리다만 노년의 이별은 그렇지가 않다. 두 번 다시 돌이킬 수 없는 영원한 이별이기에 황혼의 이별은 더욱 슬프다. 돌아올 것이 반드시 돌아와야만 하는 순리를 거스르는 영원한 이별. 돌이킬 수 없는 이별로 인해 홀로 남게 된 노년들은 날이 갈수록 늘어가고 있다. 해마다 노인의 고독사가 늘어간다고 통계는 말을 하고 있으니.

애지중지 기른 자녀는 내 품을 떠나 독립을 하는 것이 순리이고, 나를 낳아 길러주신 부모님도 결코 나를 기다려 주지 않으며 문득 핸드폰에 울리는 부고에 정말 친하게 지냈던, 아직 가기엔 너무 아깝고 이른 선후배, 동료들의 이름들이 종종 보여 가슴이 철렁하는 것도 이젠 정말 심심치 않다. 내일이 내게 온다는 보장도 이제 없겠지만 언젠가 나도 결국엔 홀로 남을 것이다.

> "다만 어디까지 가야 끝이 날지 모르는 '내일'
> 그것이 또 창밖에 등대하고 있는 것을 느끼면서
> 오들오들 떨고 있을 뿐이다."
> _이상의 수필《권태》중.

정말 아무것도 할 일도 없이 홀로 남아 고독하고 지루한 나날들을 이상은 저렇게 표현했다. 그저 오늘의 절망이 다시 또 되풀이되는 '반복'의 내일. 니체는 아무리 좋은 행복이라도 손에 움켜쥐지만 말고 과감히 깨어버리라 했다. 그래야 무언가 새로운 것을 또 다시 손에 쥘 수 있다고. 혹여 그것이 더 나쁜 비극일지라도 두려워할 필요 없이 그 비극적 운명마저 기꺼이 받아들이고 사랑하면서.

창밖에 대기하고 있는 내일이 오들오들 떨리는 두려움이 아닌 찬란한 기다림의 대상이 되기 위해서는 우선 소중한 오늘을 보내야만 하겠다. 그러나 만일 오늘이 견딜 수 없이 고독한 외로움이었다면, 그리고 고통스런 절망이었다면 어쩔 수 없는 그 오늘은 그저 고독 속에 어서 흘려버리고 과감하게 그 오늘을 깨어버리자. 그래야 행복하든 불행하든 오늘과는 다른 새로운 내일이 올 것이다.

혼자서도 기꺼이 고독한 시간을 즐길 수 있는 각자의 방법도 찾아내야만 한다. 한낱 미물인 불나방조차 불을 보면 기꺼이 뛰어들 줄 안다. 나름의 열정으로 자신만의 사는 법을 터득한 것이다. 고독하게 흘려버리는 무의미한 시간들을 오늘도 모자라 내일도 다시 또 만들지 않기 위해 우리도 각자가 뛰어들 자신만의 '불구덩이'들을 찾아내는 것, 행복한 노후를 위해 지금 반드시 준비할 것 중 하나다.

본질적으로 인간은 누구나 혼자다. 홀로 존재하여 살아가는 것이 마땅한 인간이란 존재를 가장 근본적으로 치유해 주는 것을 찾자면 나는 단연 '예술'이라고 생각한다. 예술을 향유하는 인간은 고독을 무서워하지 않는다. 스스로를 위로하는 치유를 얻을 수 있기 때문이다. 예술은 예술가들, 즉 인간의 고독한 성찰이 낳은 사유의 산물이다. 예술가들이 스스로의 삶을 통해 내놓은 저마다의 산물들이 우리의 삶에 위로와 치유를 내어주지 않을 리가 없다.

좋은 음악과 아름다운 그림을 감상하고 의미 있는 책들을 읽으면서 스스로의 생각을 정리하는 것은 사랑하는 사람들을 만나 즐거운 시간을 보내는 것만큼이나 행복한 일이다.

내가 나 자신을 마주하여 스스로를 위로할 수 있게 하는 시간은 오로지 예술을 향유하고 감상하는 시간뿐이다. 외부에서 얻는 위로에는 늘 한계가 있다. 가장 근본적인 위로는 '내가 나에게 하는 위로'지 않을까. 나의 모든 사정을 제일 속속들이 잘 알고 있는 사람, 내 안에 존재하는 모든 상처들을 진심으로 위로해 줄 수 있는 사람은 결국 나 자신 뿐이다. 있는 그대로의 자신을 마주하여 스스로 위로하고 치유할 수 있도록 도와주는 것이 예술만이 가진 가장 강력한 치유의 능력이다.

# 5. 그래도 나는 희망을 꿈꾼다

백세인생, 나는 그 백년 중 가장 정중앙의 시간을 살아가고 있다. 그 반 정도의 시간이 짧았다면 짧았던 시간이고 반대로 너무 길어 지루하고 또 힘들었던 시간이었다면 그것도 그렇다고 말할 수 있겠다. 돌아보면 좋았던 날들도 많았고 또 다시는 떠올리고 싶지도 않을 만큼 악몽 같은 그런 날들도 또 그런 사람들도 많았다. 나에게 악몽을 선사했던 사람들을 미워하지 않는다. 반대로 내가 누군가에게 그런 악몽 같은 인연이었을지도 모를 일이다. 어차피 삶이란 그런 것이다. 꽃길만 걷는 인생도 어디에도 없겠으나 다 나쁘기만 한 참혹한 삶도 없다. 상처를 일방적으로 늘 받기만 하는 가련한 사람도, 상처를 주기만 하는 악마 같은 사람도 (정상적인 삶의 범주 안에서는) 없다. 그러니 지나간 시간 중에 떠오르는 가슴이 억눌리도록 힘들고 나쁜 기억들은 부질없다. 렛잇비, 그저 놓아주고 이해하는 것이 현명하다.

수많았던 기억과 추억이 깃든 내 지난 오랜 세월을 더듬어보았다.
나의 가장 찬란한 시간은 언제였었나. 온 세상을 휘젓고 다니며 거
침없이 커리어를 쌓아 나아가던 2,30대였을까.
그러나 "다시 그 찬란했던 시절로 또 돌아갈래?" 누군가 나에게
묻는다면 나는 단호히 고개를 가로저을 것이다. 아무리 재밌는 책
이라도 두 번째 읽는 책은 재미가 없다. 이미 읽은 책을 다시 또 구
매하는 사람은 없다. 그 때로 돌아간다 한들 시간은 또 흐르고 흘
러 어차피 지금의 중년을 다시 맞이할 것이고 마찬가지로 그 때의
가슴에도 지금과 같은 미련과 후회, 그리고 아쉬움 등이 결코 없
을 수는 없다. 그러니 이미 흘러간 젊고 아름다웠던 과거보다 앞으
로 다가올 더 좋을 내일을 기대하며 기다리기로 한다. 마치 새 책
의 첫 장을 펼치는 것과 똑같은 그런 가슴 벅찬 설렘을 가득하게
담고서.

> "속아도 꿈결
>
> 속여도 꿈결
>
> 굽이굽이 뜨내기 세상
>
> 그늘진 심정에
>
> 불 질러 버려라 云云"
>
> **_이상의 《봉별기》 중.**

글을 마치며 평범하고 소소한 일상을 묵묵히 살아내는 것은 아무에게나 당연하게 주어진 시시한 일이 아니란 것을 다시 한 번 더 스스로 명심하고자 한다. 나는 오늘보다 반드시 더 나을 내일을 기대할 것이다. 그리고 아직 오지 않은 내일보다 당장의 오늘을 더 소중히 살아내겠다.

욕심과 집착을 버린 담담한 삶이 그저 부질없이 건조한 냉랭함이 아닌 오히려 더 뜨거운 열정일 수 있음도 아울러 잊지 않겠다고 다짐하면서. 그렇게 앞으로 더 많이 단단하게 다져져 누구에게도 의지하지 않고 스스로 행복할 나의 중년을 바라고 또 응원하면서.

불 질러 버려라 云云.

우리 모두의 '백세인생'을 응원하면서

피아니스트 송하영

송하영-일상의 위대함이 채워 줄 나의 백세

# 이호경

## 남은 날들 내가 나를 키운다면

어릴 적 꿈이었던 초등 교사가 되어 2002년부터 21년째 아이들을 가르치며 살고 있다. 평생 배우고 가르치는 삶을 지향하며, 꿈꾸고 성장하고 나누는 것을 행복이라고 생각하기에 스스로 행복한꿈쟁이라 부른다. 마흔에 접어들어 삶을 진지하게 돌아본 후 더 많이 배우고 기록하며 후회 없이 사는 기쁨으로 지낸다. 내향적인 사춘기 아들을 둔 엄마이자 20여 년간 초등 교사로서 겪었던 이야기, 삶을 통해 깨달은 바를 글로 남기고자 브런치 작가가 되어 글을 쓰고 있다. 자신과 아이들을 위해 시작했던 마음공부를 올해부터 더 많이 하며 사람과 삶을 좀 더 깊이 들여다보고자 한다. 현재와 미래를 고민하는 독자들에게 마음에 와닿는 위로와 희망을 건네는 작가가 되기를 바란다. 2018년《아니 이거詩(흔들의자, 권수구 공저)》에 참여하며 흔들의자와 인연을 맺고 공저자로 글을 쓰게 되었다.

124
유비백세―有備無患 百歲無難

## 삶이라는 수레의 두 바퀴, 배움과 가르침

'살며 배우며 가르치며'

어렸을 때 누군가의 집에 걸려 있던 가훈 액자에서 본 글귀는

무슨 말인지도 모르는 그때도 강렬하게 와 닿았다.

나중에 보니 김인회의 동명의 책도 있었다.

지금 생각하면 교육자라는 길에 서게 될 내 운명의 복선이었을 수도 있겠다.

누구도 배움, 가르침과 동떨어진 사람은 없다.

다만 가르침의 대상이나 내용, 영향력이 다를 뿐이다. 사는 동안

우리는 사람과 책뿐만 아니라 경험으로부터 매 순간 배운다.

배운 것들은 내 몸을 거쳐 생각과 행동으로 나와 삶을 산다.

또 그 삶은 다시 누군가를 가르치고 있다.

내가 나를 가르치고, 가까이는 가족을, 동료를 그리고 한 시대를 가르치기도 한다.

마흔 중반에 서서 지금까지 내가 배워온 것을 토대로 시작, 위기, 배움, 스승, 미래준

비에 대해 정리해 보기로 했다. 내가 몸으로 겪은 배움이 독자에게 길잡이가 되고

가르침이 될 수 있기를 바란다. 또한 사는 게 다 비슷하다는 위로가 되기를 바란다.

# 1. 일 년 중 가장 떨리는 날

'절대 깨지 말고, 꿈도 꾸지 말고 잘 자야 해.'
삼일절의 밤, 알람을 몇 번이나 확인한 후 바른 자세로 누워
단단히 마음먹고 잠을 청한다.

눈을 떠 시간을 확인하고는 한 시도 꾸물거림 없이 아침을 보낸 후
학교로 간다. 한 달간 고요하고 차가운 공기로 가득했던 학교는
많은 사람으로 북적인다.
넓게만 보였던 교문은 어느새 좁은 통로처럼 보이고 문 앞은 다양
한 방향에서 몰려오는 사람들로 넘쳐난다. 교문을 통과하면 두껍
지만 나름 예쁘게 단장한 옷과 신발 차림인 아이들의 뒷모습으로
가득하다. 설렌 눈빛으로 재잘거리며 새 교실로 향하는 아이들과
뒤섞여 복도를 지나 계단을 오른다.

가는 길에 아는 얼굴이라도 마주치면 반갑게 인사를 한다. 이름을 부르고 인사를 할 수 있는 아이들은 이미 내 손을 떠난 아이들이다.

또각또각, 교실 앞에 다다른다.

이미 방학 중에 여러 번 들락거리며 청소하고 가꾸고 준비해 놓은 교실이지만 처음으로 아이들을 맞이하는 날에는 또 다른 낯섦이 있다. 같은 교실 앞 복도에 서 있던 아이가 나를 어색하게 쳐다본다. 활짝 웃으며 인사를 건넨다.

"안녕하세요? 5반 학생이에요? 난 5반 선생님이에요."

앞문으로 들어서자 먼저 와 있던 한두 명의 아이들이 멀찌감치 떨어져 앉아 나를 쳐다본다.

첫인사는 내가 먼저 해야 한다. 한 교실에 있으니 자기 선생님인 건 알지만 첫날 나를 보자마자 반갑게 인사하는 아이는 한 손에 꼽을 정도밖에 안 된다. 모두 어색함에 굳어 있다. 얼른 내 자리로 가서 컴퓨터를 켜 편안한 음악을 틀어 놓는다. 교실 안의 긴장감을 풀어 주기 위해서라지만 당장이라도 다 들릴 것같이 크고 빠르게 뛰는 내 심장 소리를 감추기 위해서인지도 모른다.

정해진 등교 시간이 될 때까지 아이들은 계속 들어온다. 전에 같은 반이나 동네에서 아는 얼굴이라도 발견하면 안도의 미소를 짓는다. 특유의 편하고 장난스러운 웃음과 수다로 교실에 온기가 채워진다.

이호경-남은 날들 내가 나를 키운다면

아이들이 다 오기 전에 첫 만남에서 말하고 보여주고 나눠줘야하는 것을 쭉 생각해 본다. 혹시라도 잊어버릴까 흐름과 시나리오까지 적은 종이도 꺼내놓는다.

'띠리리링 띠리리 링~'

종소리가 울리면 깊게 호흡하고 자리에 일어서 칠판 앞 가운데 선다.

3월 2일, 오전 8시 40분. 나만의 첫날이 본격적으로 시작된다.

마흔 중반의 20년 차 교사가 새 학년 첫날 이렇게 떤다는 것을 사람들은 모를 것이다. 여전히 '시작'이라는 단어를 보고 읽는 것만으로도 약간의 긴장감과 설렘, 두려움을 느낀다. 시작을 쉽게 하는 사람이 간혹 있지만 대부분 시작하는 것이 어렵다. 나이가 들수록 그냥 한번 해보는 것도 쉽지 않다. 우리는 결과를 예상해보고 위험 요소를 따져본 뒤 시작하게 된다. 그러니 새로운 시작을 할 가능성이 점점 줄어든다. 안 좋은 결과를 직간접적으로 너무 많이 경험한 탓이다.

인지심리학자 김경일 교수의 말에 의하면 젊은 사람에게는 접근 동기가 통하고 나이 든 사람에게는 회피 동기가 통한다고 한다.

젊은 사람에게는 이 일을 하면 어떤 좋은 결과가 생기는지, 나이 든 사람에게는 이 일을 하면 어떤 안 좋은 결과를 피할 수 있는지 말하는 것이 더 설득력 있다는 것이다. 새로운 시작에 대한 고민이 길수록 안 할 가능성이 커 차라리 누가 시작종을 쳐 줬으면 싶을 때가 있다. 떠밀려 한 일에서 예상치 못한 가능성과 좋은 결과를 얻은 경험도 있지만 스스로 새로운 시작을 선택하는 게 망설여진다. 그때 도전한 자기를 격려하면 다른 시작에 용기가 생기지만 그저 운이 좋아서 생긴 결과라고 치부해버리면 다시 시작에 움츠린 내가 남는다.

매일 학교에서 처음 투성인 아이들과 함께하는데 세 부류의 아이들이 존재한다.

무엇을 할 것인지 알려주면 호기심 어린 눈으로 해보고 싶어 발동이 걸리는 아이들, 설명을 잘 듣고 다른 아이들이 하는 것을 지켜보며 자기의 때를 기다리는 아이들, 왜 이런 걸 하는지 알고 싶어 하지 않고 두려운 눈빛으로 안 할 수 있는 방법을 찾는 아이들이 있다. 자녀가 어떤 아이였으면 좋겠는가. 나는 어디에 속하는 사람인지 한번 생각해 볼 일이다.

100세라는 긴 시간 중 이제 반을 왔다고 치면 우리는 앞으로 보지 못했던 세상에서 처음인 것들을 수시로 마주해야 한다. 매일 마스크를 쓰고 비대면으로 사는 세상을 이전에는 상상이나 해봤을까. 2020년 아이들이 화면 안으로 들어갔을 때 교사로서 늘 하던 교육이 제대로 이뤄지게 하려고 새로운 프로그램을 배우고 방법을 고민하며 고군분투했다. 그런 것도 잠시 우리는 어느새 적응하고 대안을 찾고 개선하며 발전된 모습으로 살고 있다. '일단 시작하는 힘'은 무에서 유를 만들고 생각이 현실이 되는 마법을 부린다.

시작하라! 그 자체가 천재성이고 힘이며 마력이다.
_괴테

시작을 너무 잘하고 싶을 때가 있다.

새해 다이어리를 펼쳐 잘 써지는 펜을 골라 다른 종이에 필기감과 진하기와 굵기까지 테스트한 후 크게 숨을 몰아쉬고 첫 줄을 쓰기 시작했다. 아차, 날짜를 쓰는데 이전 연도를 써버렸다. 분명 머리로는 알고 있었는데 손이 자동으로 움직였다. 손이 자신 있게 써버리고 눈이 확인하자 머쓱한 손이 멈췄다. 괜찮다. 그렇게 시작한 다이어리는 여느 다이어리와 다른 추억 하나를 만들었다. 순조로운 시작보다 우당탕 예상치 못한 시작이 훨씬 많다. 고민하고 망설이며 조금은 어리숙하게 시작한 것들이 내 삶의 이야기를 풍성하게 한다.

새로 시작하는 것이 많아 두렵고 떨리는 저학년 아이들과 함께할 때면 꼭 함께 읽는 책이 있다. 《틀려도 괜찮아》_마키타 신지

언제나 맞는 답을 말해야 한다고 생각하니깐
틀리는 게 무섭고 두려워져.

손도 못 든 채 작게 움츠러들고
입은 꼭 다문 채 시간만 흘러가.
그러면 조금도 자라날 수 없어.

아이들에게만 해주고 싶은 이야기가 아니다.
잠깐만 돌아보면 모든 것에는 시작이 있었다. 내가 가든 무엇이
오든, 모든 시작과 함께 숨 쉬고 마주하며 살고 있다. 시작에 주눅
들지 말고 그만 머뭇거리자. 오늘이 내 남은 인생의 시작이자 처음
이니 무엇을 시작하는 하루로 만들 것인지 생각하자. 모두의 서툰
시작을 응원한다.


오늘 그것을 할 수 없다면,
대체 무슨 근거로 그것을 내일 할 수 있다고 생각하는가?
**_유서프 타라**

이호경-남은 날들 내가 나를 키운다면

# 2. 삶이 긴급 정지버튼을 누를 때

2007년 7월의 어느 날 저녁 보은의 한 식당, 이렇게 많은 어르신을 한꺼번에 본 적이 있을까 싶을 만큼 가득 찼다.

"축하해요, 벌써 나이가 이렇게 됐어."

"감사해요. 그러니까요, 시간이 이렇게 빨리 흘러요."

어머님과 손님이 인사를 나누시는 중에 식당 안쪽 한 곳에 긴장한 웃음으로 서서 손님을 맞아 고개만 연신 움직이며 인사를 드렸다.

"쟤는?"

"네, 며느리예요. 지금은 좀 아파서 앞에서 인사드리지 말고 서 있으라고 했어요."

"아, 그래? 아파서 어째, 얼른 나아야 할 텐데."

결혼한 지 2년 차인 며느리가 시아버지 환갑잔치에 서서 눈인사만 한 이유는 말을 할 수 없었기 때문이었다.

유비백세-有備無患 百歲無難

그해 6월 첫 주, 검사 결과를 보러 산부인과에 예약해 놓은 상태였다. 급한 것은 없었지만 피임하지 않았음에도 임신이 안 되어 혹시 몸이 안 좋아서 그럴 수도 있다는 생각에까지 미치게 된 때였다. 문제없다고 하면 기다리면 되는 것이고 문제가 있다고 하면 해결하면 된다고 생각했다. 지난 검사 결과 별 이상이 없지만, 난임일 수는 있으니 계속 임신이 안 되거나 불안하면 난임센터에서 치료를 받아 보는 것도 생각해 보라고 했다. 아픈 게 아니라 정말 다행이라는 생각과 함께 문제가 없으니 또다시 막연한 기다림이 계속될 거란 생각에 마음이 무거워졌다. 남편과 만나기로 한 시간이 한참이나 남아 있었다. 책이나 읽으면서 시간을 보내려다가 목이 아픈 상태였기에 옆 동 이비인후과로 향했다.

내 몸 중 가장 취약한 부분은 목이다. 감기도 목감기로 왔고 매년 3월, 9월과 같이 한두 달 쉬었다가 말을 한꺼번에 쏟아내야 하는 학기 초에는 어김없이 2~3주 내내 이비인후과를 다녀야만 했다. 3월에 있는 학부모 총회와 3, 9월에 있는 상담주간에는 목소리가 나오면 다행이라고 여길 정도였다. 약이나 탈 심정으로 진료를 본 것인데 의사가 예상 밖의 말을 했다.

"성대결절이 아주 심하네요. 여기 보세요. 여기와 여기는 원래 붙어 있어야 하는데 떨어져 있고 많이 도돌도돌한 상태로 소리를 낼 때 진동도 거의 없지요."

성대결절, 이비인후과에 갔을 때 여러 번 들었던 진단명이다. 말을 하지 말고 물을 자주 마시고 일도 줄이고 좀 편하게 쉬라고 말씀하셨다. 의사의 처방을 따라야 하는 건 알았지만 교사로서 지킬 수 없는 처방이었다. 말하는 직업인으로 말을 어찌 안 하며 학기 중에 어떻게 쉴 수가 있는지.

"제가 볼 때는 최대한 빨리 수술하는 걸 권장합니다."

"꼭 수술해야 하나요?"

"수술을 권장하는 게 아니라 그건 당연히 해야 하고 '빨리'하는 걸 권장한다는 얘기입니다."

의사는 꽤 답답한 듯이 쳐다봤다.

"그럼 8월 이후에 할게요."

"그땐 수술이 이미 꽉 차 있고 6월 안으로 하는 게 좋겠습니다. 제가 가능한 날짜를 보니 11일 괜찮겠네요. 마침 수술 하나가 취소되어 다행이네요."

내겐 다행도 아니었고 전혀 괜찮지 않았다. 지금까지 학기 중에 단 하루도 쉰 적이 없고 이렇게 갑자기 수술하게 되면 우리 반은 어떻게 하고 업무는 어떻게 하며, 사고로 인한 수술도 아닌데 학기 중에 날짜를 잡은 나를 얼마나 무책임한 교사로 볼 것인지 하는 정말 여러 가지 문제로 머리가 아팠다. 의사는 나의 이런 고민과 일정 따위엔 전혀 관심이 없는 듯 그날 아니면 안 된다고 답을 정해놓고는 대답만 기다리고 있었다. 여기가 종합병원이 아니라면 과잉진료라고 생각해 일어서서 다른 병원에 갔을 것이다.

"그럼 일단 날짜 잡아놓고 만약에 안 되면 취소할게요. 제가 교사라 학교에도 말해야 하고 이것저것 생각할 게 많아서요."

"근데 이날 아니면 수술이 너무 미뤄져요. 교사예요? 그럼 더 얼른 해야죠. 교사 1~2년 더 하다 말 거 아니잖아요. 그냥 이대로 방치하면 조만간 그만두게 될 심각한 상황이란 거 알고 가세요."

표정 하나 변하지 않고 이렇게 무섭게 협박하다니 하얀 가운 입은 강도로 보였다.

그때부터 고민이 많아졌다. 학기 중에는 병가는커녕 조퇴조차 써본 적이 없던 나였다. 학교에는 뭐라고 말하지? 우리 반은 어떻게 되지? 성대결절 수술은 남들 보기에는 별거 아닐 수 있지만 전신마취가 필요한 수술이다. 그 말은 한동안 피임을 해야 하고 아이를 기다리던 나의 계획과는 더 멀어진다는 뜻이기도 했다.

남편과 상의했다. 다들 그렇듯 목이 자주 쉬니 그런가 했다가 수술까지 해야 하니 그렇게 심각한 거냐며 알아서 결정하라고 했다. 일단 교감 선생님께 말씀드리려 했다. 수술해야 하는 상황도 말씀드리고 며칠 병가를 내야 했기 때문이다. 병가를 내서 교사의 자리가 비면 그 자리를 채워주실 기간제 교사를 구하는 일을 교감 선생님께서 하신다. 그 당시만 해도 사고로 인한 것이거나 흔히 아는 큰 병이 아니고서는 학기 중에 병가를 내지 않았기에 눈치를 보며 말씀드릴 수밖에 없었다. 정말 다행히 수술이 필요하다면 하라고 기간제 선생님은 잘 구할 테니 학부모님들께 잘 말씀드리라고 하셨다.

그렇게 의사가 정해준 날 수술을 하게 되었다. 수술 자체는 큰 느낌이 없었다. 다만 수술 후 두 달 정도 소리를 내지 말라는 것이 가장 큰 과제였다. 말을 하지 말라가 아니라 소리를 내지 말라니. 그때부터 나는 자체 음 소거를 하고 살았다. 일반 대화는 표정과 손짓과 발짓으로 하고 긴 대화는 필담으로 했다. 두 달간 집에만 있을 수는 없었기에 어디라도 갈 때면 항상 수첩과 펜을 들고 가 말이 필요할 때 써서 보여주곤 했다. 정말 의도치 않게 언어장애를 가진 사람으로 살게 된 것이다. 두 달이면 체험 수준을 넘어 일상이 된다. 장애가 있는 사람에 대한 시선을 받으며 살게 되었다. 소리를 내지 않고 손짓과 발짓으로 대화하고 종이를 보여주니 일단 살짝 놀라는 눈치다. 하지만 세상은 생각보다 따뜻했다. 다들 천천히 말씀해 주시거나 도와주려고 애쓰셨다. 두 달 동안 소리를 잃고 생활하다 보니 방학이 되었고 한 달간 언어치료를 했다. 목에 무리를 주지 않으면서 말하는 법을 배웠다.

내가 없어도 세상은 잘 돌아가고 내가 가지고 있는 것, 하는 것이 당연하지 않다는 것을 알게 된 경험이었다. 그리고 아이를 갖겠다는 마음도 좀 내려놓았다. 평범과 보통의 삶이 난관처럼 느껴졌다. 그랬더니 신기하게도 성대결절 재진단을 받은 적 없이 16년째 교사로서 살고 있으며 2008년 가을에는 아이를 낳았다.

위기와 좌절은 누구도 바라지 않는 경험일 테지만 안타깝게도 누구에게나 온다. 그 시점이 언제인지 어느 정도인지 예상할 수도 없다. 위기와 좌절을 몇 차례 겪다 보니 도대체 언제 이런 일을 겪는지 생각해 보게 되었다. 예상할 수는 없지만 준비하지 못한 채 맞이하여 당황하고 허둥지둥하다 현명하지 않은 선택과 결정을 하기가 싫었기 때문이었다. 보통 위기는 내가 평탄한 줄 알고 힘껏 내달리고 있을 때 찾아왔다. 물론 내가 느끼지 못했던 혹은 별일 아니라며 넘겼던 전조증상이 분명 몇 차례 있었을 수도 있다. 안일하게 앞만 보며 달리는 내가 위태로워 보였는지 삶이 긴급 정지버튼을 누른 것이다. 러닝머신이나 엘리베이터, 움직이는 기계에는 긴급 정지버튼이 있다. 보통 문제가 생기면 누르는데 특정 기준을 넘는 경우 스스로 작동되기도 한다. 긴급 정지버튼이 눌러지면 덜컹거리며 달리던 관성에 의해 몸이 이리저리 비틀거려지고 넘어지기도 한다. 정신없는 상황이 멎었을 때야 비로소 큰 숨을 몰아쉬며 내가 어떻게 하고 있었는지를 되돌아보게 되는 것이다. 간혹 지금까지 쌓아온 것들도 같이 무너져 내릴 때가 있다. 정말 망연자실한다.

위기를 외부의 탓으로 돌리면 나는 항상 동정의 대상인 피해자로 남겠지만 다시 당하기만 해야 한다. 그렇다고 내 탓으로만 돌리면 한없이 부족하고 나약한 사람이 된다. 그럼 어떻게 하라는 것인가. 위기가 왔다는 것은 내가 지금 감당할 수 없는 속도로 혹은 잘못된 방향으로 가고 있었다는 것이라는 걸 인정하자는 것이다. 어디서부터 과부하가 걸린 것인지, 어느 시점에서 방향 설정이 잘못된 것인지 멈췄기에 생각할 수 있고 다시 안전하게 시작할 수 있다. 긴급 정지버튼은 나를 망치려 눌린 것이 아니라 잘 살게 하려고 눌린 것이다.

나에게 위기란 닥친 순간에는 지옥이었으나 결국 전환점이었다. 뱀이 이전의 허물을 벗어 던진 후에야 더 크게 자랄 수 있듯이 위기를 통해 이전의 나를 벗어던지면 더 단단하고 큰 내가 되어 세상을 살 수 있는 것이다. 위기로 배운 것은 각인이 된다. 위기를 겪었던 속도, 방향과 같이 잘못하고 있을 때 온 신경이 반응한다.

> 어제로 돌아갈 수 없다.
> 왜냐하면 나는 어제와는 다른 사람이 되었기 때문이다.
> _루이스 캐럴

가끔 시간을 되돌려 돌아가고 싶냐는 질문을 받으면 예전의 잘못된 선택을 돌리고 싶고 젊음이 부러워 흔들리기는 하지만 다시 돌아가고 싶지 않다. 지금까지 위기를 통해 배운 것을 모르는 상태로 돌아가 답습하고 싶지 않다. 위기는 기회비용을 날리게 한다. 그리고 그 비용은 위기의 크기와 비례한다. 인생 수업료라 하는 그 비용을 내며 알게 된 것이 얼마나 값진 것인지는 위기를 통해 성장한 사람만이 안다.

유비백세-有備無患 百歲無難

위기와 좌절을 겪었다는 것 자체로 자책하지 말자. 결국 이겨내면 고난 극복의 과정이자 나를 성장하게 한 기폭제가 될 것이다.

> 사람은 누구나 여러 번 좌절할 수 있지만,
>
> 다른 사람을 탓하지 않고 노력을 포기하지 않는 한
>
> 그 누구도 실패자라고 말할 수 없다.
>
> _존 버로스

# 3. 배우는 게 즐겁다니

고등학생 때 한 TV 토론 프로그램에서 교육 관련한 주제로 토론이 이어졌는데 한 패널이 한 말에 속으로 반발했던 기억이 강하게 남는다.

"누가 공부를 좋아하나요? 공부는 원래 재미없는 겁니다. 그냥 어쩔 수 없이 하는 거예요."

상대가 누구였든 멋지게 반박했더라면 그분의 말씀이 제대로 기억날 텐데 그렇지 못했나 보다. 난 공부를 되게 좋아하거나 잘하거나 하는 아이는 분명 아니었지만, 공부를 좋아하는 사람이 거의 없고 재미가 없어서 어쩔 수 없이 한다는 말에는 고개가 저어졌다. 그리고 생각하기 시작했다. 그렇다면 내가 공부가 재미있어서 했던 적이 있었던가.

중학교를 집에서 버스를 타고 50분을 가야 하는 곳으로 다녔다.

유비백세-有備無患 百歲無難

오전 7시 30분에 버스에 올라타 지정석에 가까운 맨 뒷자리에 앉는 것은 금방 익숙해졌다. 너무 오랜 시간 버스에서 보내야 하는 데 할 게 없는 것이 문제였다. 지금처럼 휴대전화가 있길 하나 음악이라도 들을 수 있는 비싼 휴대 카세트가 있길 하나. 자다 깨며 바깥이나 사람들 구경하는 것도 하루 이틀이지 매일 할 수는 없는 노릇이었다. 혹시라도 내려야 할 정류장을 지나칠까 봐 어느 지점부터는 잘 수도 없으니 대응책으로 마련한 것이 책을 읽거나 문제집을 푸는 것이었다. 흔들리는 버스 안에서 책을 읽는다는 게 보통 힘든 일이 아니었다. 약간 멀미도 하던 터라 책을 읽게 되면 몇 구절 읽고 생각하다 멍때리는 게 반이었을 것이다. 그러다 우연이었는지 생각해낸 것인지 버스에서 수학 문제집을 풀기 시작했다. 수학 문제집은 지문이 별로 없고 어차피 머리가 지끈거리는 난이도의 문제였기 때문에 계속 고개를 숙일 필요도 없었다. 문제를 읽고 고개를 들어 한참 생각했다가 생각이 나면 연필로 끄적거리며 풀었다. 그렇게 퀴즈를 풀 듯 몇 문제만 풀어도 시간이 훌쩍 흘렀다. 언젠가부터 등하굣길이 즐거운 나만의 교실같이 느껴지기 시작했다.

또 매주 주말이 되면 학교와 집 사이 중간 지점에 있던 흔히 말하는 핫플레이스로 갔다.

그때만 해도 주 6일 학교에 갔는데 토요일에는 오전 수업만 했으므로 점심을 포함한 나만의 코스가 있었다. 일단 롯데리아에 가서 친구와 햄버거를 먹으며 수다를 떤다. 그리고는 헤어져 서점으로 갔다. 지하부터 2층까지 3개 층이었던 서점은 그 동네에서 가장 큰 서점이었다. 제일 먼저 지하로 내려가 문제집을 잡아 들었다. 형편이 그리 좋은 집이 아니었기에 문제집을 여러 권 사서 푸는 게 부담스러웠다. 요즘 배우는 부분이 나오는 곳을 여러 문제집을 둘러보며 내 연습장에 문제를 풀고 답과 맞춰 보았다. 모든 문제집이 내 것이 아니었지만 내 것이기도 했다.

두 번째 코스 1층에 들어서는 한참 빠진 만화책을 보기 시작했다. 언젠가부터 비닐로 싸여 신간들은 잘 볼 수 없었지만 매주 만화책을 읽는 재미는 꽤 쏠쏠했다. 그리고 마지막 코스로 일반 책 코너에 가서 읽고 싶은 책을 실컷 읽었다. 매주 토요일 4시간 동안 나는 더없는 취미활동으로 즐거웠다. 누구도 이렇게 하라고 가르쳐준 적이 없고 왜 이런 루틴을 잡았는지도 모른다. 다만 학교 밖에서도 공부를 할 수 있고 즐겁다는 걸 알게 해 준 시기이자 경험이란 건 분명하다. 심심해서 공부했다는 얘기가 무슨 말인지 조금은 알 거 같았다.


벌써 30년 전의 이야기니 너무 한참 전으로 거슬러 올라갔는지 모른다. 지금과는 너무나 다른 세상이고 환경이었을 수도 있다. 그럼 어른이 된 뒤에는 공부가 싫었을까. 교사가 되어서는 맡은 업무와 관련되거나 내가 좋아했던 분야의 연구회에 들어가 활동했다. 연수도 필수 시간 외의 것을 찾아 들으며 공부 모임을 하기도 하고 교육과정 재구성에 관심을 갖고 공부할 때는 행복배움학교로 전입을 가서 직접 보고 배우며 나만의 것을 찾기도 했다. 따로 돈 들이지 않아도 배울 기회가 많다는 것은 교사라는 직업의 큰

유비백세-有備無患 百歲無難

매력인 거 같다.

공부란 것이 즐겁다고 느꼈던 것을 쭉 써 내려가며 생각해 보았다. 나는 틀에 짜인 교육과정 안에서는 그냥 시키는 것을 열심히 하는 학생에 불과했고 평가에서 아주 우수한 성적을 내는 것도 아니었다. 그저 관심 있는 분야는 좀 더 파고들며 공부했다. 대단한 결과물을 얻는 것까지 아니더라도 계속 뭔가를 배우고 연결하고 통합하며 지적으로 확장되는 것을 즐겼다.

어른의 공부라는 건 자유롭다. 누가 시키지도 않고 평가도 없다. 평가가 있는 공부를 시작하는 것도 나의 마음이고 내 계획이다. 나만의 삶에서 계획을 갖고 자격을 얻기 위한 공부를 간절하게 할 수도 있다. 하지만 그때그때 관심 분야나 트렌드에 맞춰 공부할 수도 있다.

마흔을 넘어 코로나19로 인해 세상이 완전히 달라졌다. 내 직업적인 삶에서도 많은 변화가 일어났다. 세상에 없던 원격수업을 매일 해야 했다. 나름 컴퓨터 교육을 심화로 한 데다 새로운 것을 배우는 걸 좋아하는 편이지만 더 나이가 들기 전에 이런 상황이 와서 다행이라는 생각이 들 정도였다. 새로 빨리 배우고 익숙하게 다뤄야 하는 프로그램이 많았다. 앞으로 세상 변화의 속도에 맞춰 방향 전환할 수 있을지 걱정이 앞섰다. 하지만 세상엔 나보다 더 빨리 배우고 가르치고 나누는 사람들이 항상 있었다. 그중에서 내가 원하는 방향을 생각한 후 그 방향에 서 있는 나보다 앞선 이를 따라가면 된다. 선구자와 기버 Giver 에게 감사하고 그들을 존경할 수밖에 없다.

성장과 앎의 즐거움은 나만 아는 것이 아니다. 그래서인지 요즘에는 공부하고자 마음만 먹는다면 공부할 곳은 차고 넘친다. 학생 때부터 봤던 EBS에는 여전히 배울 것이 많고 국가에서 지원하는 플랫폼을 포함하여 온·오프라인 강의를 들을 수 있는 곳도 다양하게 있어 몇 가지만 나열해 본다.

1. 온라인 평생교육원 STEP: 온라인 평생 직업 능력개발 학습 플랫폼(고용노동부와 한국기술교육대학교가 함께 개발)

2. 네이버 온라인 강좌 에드위드 EDWITH: 네이버와 네이버 커넥트재단이 함께 제공하는 온라인 강좌(STAR-MOOC, 카이스트 온라인 공개강좌 서비스 KOOC 등 양질의 정보를 제공)

3. 서울시 평생학습 포털: 인문, 취미, 외국어, 자격증 강좌(공인중개사, 주택관리사, 직업상담사 등)

4. 서울시 소상공인 아카데미: 소상공인들을 위한 교육 아카데미(창업, 사업계획서, SNS 마케팅 등에 대한 강의를 제공)

5. 소상공인 지식배움터: 소상공인 대상의 지식 배움터(창업교육, 경영교육, 등 소상공인을 위한 온라인 교육)

6. 국가 평생 학습포털 '늘 배움': 전국에 흩어져 있는 평생 교육정보, 학습 콘텐츠 등을 한 곳에서 제공하는 것을 목적으로 만들어진 평생학습 종합 포털

이 밖에도 MKYU(김미경 강사가 만듦)나 ICANU(김익한 교수가 만듦)와 같은 유튜브 대학도 있고 꼭 대학이라는 플랫폼을 갖추지 않더라도 클래스101, 클래스유와 같은 다양한 온라인 강좌 플랫폼도 있으며 각종 자기 계발과 독서에 관한 커뮤니티도 많다. 어찌 보면 우리나라는 공부를 좋아하는 사람들이 사는 국가, 마음만 먹으면 얼마든지 공부할 수 있는 국가라고 해도 무방할 것 같다.

공부하는 무리에 있다 보면 온통 공부하는 사람만 있는 것 같은데 공부를 안 하는 무리에 있으면 아무도 공부하지 않는 것처럼 보인다. 신기하게도 공부하는 사람은 항상 뭔가를 계속 배우고 있고, 안 하는 사람은 몇 해가 지나도 못 할 이유가 많아 여전히 하지 않고 있다. 할 사람은 할 이유를 찾고 못 할 사람은 못 할 이유를 찾는다고 했다. 나는 어디에 속하는가. 100세까지 앞으로도 50년, 시간도 많고 배울 것도 많다.

한 60대 남자가 어렸을 때 피아노를 배우지 못한 것을 아쉬워하며 한숨을 쉬었다.
"지금부터 배우시면 되죠."
옆에 있던 젊은 남자가 말했다.
"다 늙어서 배우긴요. 지금은 머리도 손도 굳어서 제대로 치려면 5년은 걸리겠죠."
"그럼 지금부터 피아노를 배우시면 5년 후엔 피아노를 치는 남자가

이호경-남은 날들 내가 나를 키운다면

되어 계시겠네요. 안 배우시면 5년 후에도 여전히 피아노를 못 치는 남자로 계실 거고요."

예전에 배우고 싶었는데 여러 가지 사정으로 못 배운 것이 무엇인지, TV에서 본 것이나 주위 사람들이 잘하는 것 중에서 해보고 싶고 잘하고 싶은 게 무엇인지 생각해보자. 우리는 평생 무엇을 배울지 행복한 고민을 하며 살 수 있다.

학이시습지 불역열호(學而時習之 不亦說乎)

배우고 때때로 익히니 기쁘지 아니한가!

_공자

# 4. 내 최고의 선생님

3월 둘째 주, 한 교실에 학부모님 열댓 분이 의자에 앉아 계신다.

"어머님들께서 가장 존경하는 분은 누구신가요?"

무슨 질문이냐는 듯이 눈이 커지며 다른 분을 쳐다보는 분도 계시고 유명한 분들의 성함을 대시기도 한다.

"이 세상에서 제가 가장 존경하는 분은 엄마입니다. 40여 년이 되도록 가장 가까이 오래 보면서 존경을 받을 수 있는 분이 얼마나 되실까요? 가까이 있으면 허물을 더 잘 보게 되고, 계속 보면 가치를 모르게 되는 것이 이치인데 제 엄마는 그렇지 않으시네요. 어떻게 하셨길래 자녀에게 이렇게 오래도록 존경을 받으실 수 있을까요?"

자녀에게 존경받고 싶지 않은 부모가 어디 있을까. 아이들의 나이와 상황에 따라 몇 가지 말씀과 당부를 드리며 이야기를 마친다.

나의 엄마는 훌륭하신 분이다. 다시 태어나도 엄마로 뵙고 싶은 분이다. 엄마는 올해로 일흔이 되셨고 중학교까지만 다니셨으며 아가씨 때와 30대에 잠깐 비정규직 근무를 하신 것을 제외하고는 계속 주부로 계신 분이다. 어렸을 때도 그리 평탄하지 않게 사셨던 분이지만 경제적으로 어려운 지금의 가정에서 살림꾼이자 생활력 강한 엄마로 사셨다. 누구보다 자랑스럽고 사랑스럽고 존경하는 분이다.

단지 나의 엄마라서 좋은 것이 아니라 내가 만난 수많은 선생님 중 단연 최고다. 엄마는 평생에 걸쳐 인생 스승의 역할을 충분히 해주셨다. 내가 일흔 살이 되었을 때 어떤 모습이어야 하는지 어떻게 하면 자녀에게 존경받으며 살 수 있는지를 바로 옆에서 배울 수 있으니 얼마나 감사한 일인가.


늦잠을 잔 고등학생 딸이 정신없이 등교 준비를 한 후 가방을 둘러 메려 하자,

"아침 안 먹을 거면 학교 가지 마라."

단호하게 말씀하신다. 새벽에 일어나신 엄마는 이미 두 개의 도시락을 정갈하게 싸놓으시고 식탁에는 따뜻한 밥과 반찬을 차려놓으셨다. 제시간에 깨워주셨으나 '조금만 더'를 외치며 잔 게 분명하다. 자리에 앉아 밥을 빨리 먹고 튀어 나갔다.

엄마는 늘 바르고 정확하셨다. 깨워달라는 시간에 정확하게 깨워주셨고 부탁드린 일이나 본인 하실 일을 정성껏 최선을 다하셨

다. 내가 하지 못한 것과 부족한 일에 대해 다그치시거나 혼내지 않으셨다. 긴 말씀이 없었어도 이미 하시고 계신 듯했다. 네가 한 일의 결과는 받아들이고 자기 자리에서 좀 더 최선을 다하라고.

주방과 거실이 식탁 하나 공간으로 붙어 있는 좁은 집, 아침을 여유 있게 먹는 날이면 엄마는 쪼그려 앉아 신문을 조용히 보셨다. 그리고는 오늘의 머리기사를 쭉 읊어주셨다. 그 당시 신문에는 중요한 단어가 죄다 한자로 되어 있었다. 엄마는 중학교 시절 국어책에 한자가 병렬로 적혀 있어서 읽고 또 읽으며 익히셨다고 했다. 신문을 다 읽으신 후에는 칼럼을 가위로 오려 식탁 위에 올려주셨다. 책과 신문을 읽으라며 강요하시지도 않고 중요한 내용이 뭐였는지 잘 듣고 기억하는지 확인하지도 않으셨지만 난 그렇게 다양한 분야의 지식과 세상이 돌아가는 걸 엄마의 눈과 입을 통해 알 수 있었다. 집에는 책도 거의 없고 도서관도 가까이 없고 학원도 다니지 못했지만, 공부는 하려고만 하면 얼마든지 할 수 있다는 걸 가르쳐 주셨다.

엄마와 시장을 다녀올 때면 부끄럽기도 하고 힘들기도 했다. 버스에 앉아 있다가 할머니가 타시면 벌떡 일어나시고는 미소 지으며 앉으시라고 자리를 양보하신다. 그럼 나도 덩달아 일어날 수밖에 없다. 그리고는 처음 뵙는 그 할머니의 딸처럼 살갑게 조곤조곤 대화를 나누신다. 엄마가 오지랖이 넓다고 생각했다. 항상 할머니들은 우리가 내릴 때쯤엔 고맙다며 여러 번 인사하셨다. 워낙에 자주 있는 일이라 자리 양보한 것 때문에 고맙다고 하시는 줄 알았는데 한 할머니께서 진짜 의미를 알려주셨다.

"요즘에 누가 노인네한테 말 걸어주나. 말동무해줘서 고마우이."

엄마는 웃어른을 대하는 방법, 상대를 존중하는 방법을 잘 알고 계셨다. 남들에게도 이러하시니, 자녀에게는 얼마나 진심이셨을까. 여태껏 단 한 번도 엄마께 고운 말이 아닌 말을 들어본 적이 없다. 간혹 화나셨을 때라도 거친 말을 하지 않으신다. 그저 언성이 올라갈 뿐이었다. 그리고 혹여라도 오해가 있었거나 본인 생각하시기에 심했다 싶을 때는 미안하다고 말씀하셨고 우리가 뭔가 잘했을 때는 당연한 듯 받아들이지 않고 고맙다는 말씀을 바로 하셨다.

나도 자녀를 키우고 있고 교사이기도 하지만 모두에게 그렇게 곱고 바른말만 쓰는 것, 고맙다는 말과 미안하다는 말을 30살도 더 차이 나는 자녀에게 돌려 말하지 않고 바로 하시는 것은 대단한 일이라고 생각한다. 엄마께서는 말에는 인성이 담긴 거라고 남 들으라고 하는 말이더라도 결국 나를 드러내는 일이라고 하셨다. 그래서일까 나와 남동생은 여전히 엄마께 높임말을 기본으로 한 대화를 하고 있으며 남매끼리 거친 말을 한 적이 없다. 이런 언어생활은 고스란히 내 삶이 되어 어디 가서 말로 인해 욕먹을 일은 없다.

유비백세-有備無患 百歲無難-

한 번은 엄마와 백화점에 가서 옷을 사며 대화를 나누는데 점원이 깜짝 놀라 말했다.

"어머, 친정엄마셨어요? 엄마라고 부르기 전까지는 시어머니 모시고 나온 줄 알았어요. 엄마와 딸이 이렇게 높임말로 대화하고 서로 친절한 경우 처음 봐요."

나이가 들어 엄마와 여행을 간 친구들이 대부분 힘들었다고 한다. 즐겁기도 하지만 엄마 맞춰드리는 게 보통 힘든 게 아니라며 여행지에서도 한두 번 아웅다웅하게 된다는 것이다.

하지만 난 엄마와 여행가는 게 좋다. 부담되지 않고 오히려 도움이 많이 된다. 엄마는 여행하는 내내 평가의 말을 하지 않으신다. 여행이란 게 편할 수만도 없고 전부 마음에 들 수도 없다는 걸 너무 잘 아는데도 그저 알아보느라 같이 다니느라 고생했다고 고맙다고만 하신다. 워낙에 상황도 잘 파악하셔서 도와달라는 말씀을 드리려고 마음먹으면 어떻게 아시고 그 일을 먼저 하신다. 이런 상황 파악 능력과 감각을 다 못 물려받은 게 안타까울 뿐이다.

요즘 엄마의 취미이자 주된 일정은 시설공단에서 운영하는 체육센터에서 주 3회 아쿠아로빅을 하시는 것이다. 휴직 없이 직장생활을 하는 딸의 아이를 봐주시느라 다니시던 산을 못 가시다가 청신경 종양으로 치료받으신 후 2011년부터 지금까지 계속하신 것이다. 스스로 건강관리도 잘하시고 뭔가를 시작하면 정말 꾸준히 하신다. 대충하지도 요령을 피우지도 않고 끈기 있게 하시는 것을 보면, 내가 뭔가 시작해 힘들어 그만두고 싶다가도 조금 더 하게 된다. 왜 못하냐고 꾸짖으신 적도 거의 없기에 그저 엄마를 닮았으면 끈기가 있는 사람이었을 거라며 아쉬워했다. 그때마다 끈기는 타고난 게 아니니 하면 되는 거라고 하셨지만 엄마의 끈기를 따라갈 수 없었기에 그냥 듣기 좋은 말씀을 하신 거라는 생각이 들었다. 그러다 작년에 끈기 프로젝트로 운동과 독서 편에 참여했다. 끈기는 타고난 것으로 생각하던 내가 지속해서 하게 되는 것을 보니 엄마 말씀이 맞았다는 것을 알게 되었고 더욱 대단해 보였다. 그저 타고나서 되는 게 아니었다. 가끔 '타고남'을 핑계로 노력을 덜 한다. 타고 났으니 덜 노력해도 되고 타고나지 않았으니 해봐도 안 될 거라 덜 노력한다. 또다시 부끄러워졌다. 덕분에 'Why not me?'를 속으로 외치며 안되던 걸 한 번 더 해본다.

특별한 일이 없는 금요일 저녁이면 엄마표 집밥을 먹으러 아들을 데리고 친정에 간다. 몸과 마음이 치유되는 시간이다. 한 주의 애씀을 위로받고 힘을 얻어 온다. 마흔 중반의 딸은 일흔의 엄마와 헤어질 때 볼에 입을 맞추고 사랑한다고 말씀드린다. 누가 시킨 적이 없으나 언제나 진심으로 그런 마음이 일어난다. 그러면 한창 사춘기인 중2 아들도 외할머니를 안아 드리고 사랑한다고 말씀드린다. 사랑을 주고, 존중받는 게 얼마나 행복한 일인지 모른다.

이렇게 훌륭한 엄마에게서 자랐지만 난 남들에게 보일 만큼 성공한 것도 아니고 훌륭하지도 않다. 그렇다고 뭐라 하신 적도 없고 주눅 들게 하신 적도 없다. 한 번은 엄마와 시대를 바꿔 태어났다면 어땠을까 싶은 적이 있다. 전쟁 직후가 아니라 지금 시대에 태어나셨다면 어릴 적 꿈도 이루시고 더 여유 있고 멋진 모습으로 사셨을 거 같았다. 세상에 선한 영향력을 더 많이 펼치실 수 있었을 것이다. 내 아이를 엄마가 나를 키우듯 키울 수만 있다면 참 좋았을 텐데 그러지 못한다. 쉽게 따라 할 수 있는 범주가 아님을 알기에 더욱 감사한 것이다.

나에게는 누구에게나 자랑하고 싶은 최고의 선생님이 계신다. 이렇듯 자랑하고픈 엄마께서 내게 주신 가르침을 나눠보려 한다. 이것은 많이 배워서도 아니고 대단한 위치에 있기에 할 수 있는 일도 아니다. 그저 엄마도 삶을 통해 배우고 깨달으신 것을 몸으로 가르쳐주신 것이다.

> 거짓말과 변명, 남의 탓을 하지 마라.
> 고마운 일에는 고맙다는 말을,
> 미안한 일에는 미안하다는 말을 반드시 해라.
> 누구에게나 떳떳할 수 있는 말과 행동을 해라.
> 도움이 필요한 사람을 외면하지 말고 도와라.
> 사랑하고 존중해라. 어른이든, 아이든, 동물이든.

삶에 진심과 최선을 다해라.

곱고 바른말을 써라.

자주 미소 짓고 많이 웃어라.

세상에 관심을 두고 시대에 맞게 배워라.

잘한 것과 못한 것 모두 인정해라.

강자에는 강하게, 약자에는 약하게 행동해라.

기대는 표현하고 실망은 표현하지 말아라.

순수한 마음을 잃지 마라.

지지하고 격려하고 응원해라.

칭찬은 찾아서 해라.

글씨를 바르게 써라.

부지런히 움직여라.

불평할 시간에 대안을 찾아라.


나도 우리 아이에게 오래도록 존경받고 함께 하고 싶은 좋은 엄마
이자 스승으로 남고 싶다.


'엄마'는 인류가 입술로 표현할 수 있는
가장 아름다운 단어이다.

**_칼릴 지브란**

# 5. 남은 날들 나를 다시 키운다면

**열**망이 가득했던 청소년기를 거쳐 갑자기 열린 세상에서 **스**스로 **물**음에 답하며 좌충우돌했던 성년기를 지났다. 눈앞에 놓인 현실을 받아들이며 **서**러운 **어른**으로 접어드는 장년 기를 버텨내고 **마**음에 흔적이 남은 중년기를 지내고 있다. 《마음이 흔들려서, 마흔인 걸 알았다》(김선호)에서 마흔을 마음이 흔들리는 나이라 했는데 마흔하고도 중반이 되어보니 얼마나 포근 함을 주는지 모른다. 오히려 다시 평안을 되찾은 기분이어서 좋다.

마흔을 지나 보면 안다. 왜 생애전환기라 하며 국가에서 건강검진 을 그렇게 다양하게 해주는지. 거짓말같이 마흔의 몸은 이전과 다르고 주변에 한두 명은 크고 작게 암을 맞이하며 경각심을 준다. 원래 아무 문제가 없을 때는 당연하듯 인식하지 못하고 소중한 줄 모른다. 그렇지 않다면 너무 신경 쓸 것이 많아 머리가 터질지도 모른다. 아이 중에 아직도 미취학 아이가 있어 자유롭지 못한 게 아니라면 마흔 이후는 이제부터 오롯한 나를 볼 수 있는 나이다.

김미경 강사가 MKYU에서 '두 번째 스무 살'이라 하며 3050 여자들의 새로운 시작을 응원했고 크게 호응받았다. 자녀의 독립을 맞는 50대가 되기 전에 스무 살 때와 마찬가지로 스스로 물음에 답해야 하는 시기가 다시 온 것이다. 마음의 흔적이 남는다는 건 그때 했던 질문에 대해 삶으로 말한 답이 옳았는지 그대로 살면 되는지 알 수 있다는 말이다. 나의 답을 돌아보지 않고 오답을 고치지 않는다면 우리는 남은 삶을 비슷하게 혹은 더 비참하게 살 것이다.

《지금 알고 있는 걸 그때도 알았더라면》의 킴벌리 커버서 글을 좋아한다. 글도 글이지만 제목이 이미 정곡을 찌른다.
'아들아,' 혹은 '딸아,'로 시작하는 정성이 가득한 책을 읽으면 이런 부모님이 계셔서 좋겠다는 마음과 함께 안타깝게도 이런 좋은 부모님을 두었어도 아이들은 겪을 일을 결국 겪으며 배운다는 걸 안다. 나도 엄마와 선생님들의 애정어린 조언을 수없이 들었지만 수많은 실수를 저지르고 겪지 않았어도 될 일들을 겪었다. 그렇다면 왜 그럴 수밖에 없었을까. 아마 그 답이 내가 찾은 답이 아니기 때문이었을 것이다. 남이 알려준 답대로 하려니 기억도 잘 안 나고 진짜 맞는지 의심하게 된 것일 수도 있다. 오히려 알려준 대로 하지 않아 성공한 예도 있을 것이지만 대부분 직간접적인 경험과 연륜이 만들어낸 지혜를 당해낼 수가 없다. 다행히 이제는 내가 직접 써낸 답의 결과를 알고 있다. 아직 결과가 나오지 않은 것들도 있으나 이미 알고 있는 것만으로도 남은 삶에 적용할만한 가치는 충분하다.

아이가 초등학교를 졸업하고 중학생이 되어 내 말보다 친구 말을 더 듣고 싶어 하고 사춘기라며 대화를 줄여나갈 때쯤 누군가를 돌보고 가르치는 대상을 바꾸기 시작했다. 그 대상은 바로 나다. 나를 속속들이 잘 알고 어떤 말이 통하는지도 알기에 나를 돌보고 키우며 가르치기로 했다. 나와 다른 인격체를 대하는 것보다 훨씬 수월하다. 그리고 원하는 대로 안 따라도 그렇게 화가 나지도 않고 이해도 잘 된다. 한 편으로는 적극적으로 지원하는 사람이 생겨 받는 처지로도 너무 기분이 좋다. 내 마음을 알아주며 전폭적으로 지지해주니 힘이 생긴다. 그래서 아들에게 전해주고 싶었던 삶을 통해 배운 것들을 앞으로 살아갈 나에게 가르치고 적용하며 응원해줄 생각이다.

우선 지금까지 애써온 나에게 칭찬을 듬뿍 해줄 것이다.
온통 처음인 것들을 만나 옳고 그름, 나와 맞는 것과 맞지 않는 것을 구별해 내느라 고생이 많았다. 매 순간 최선을 다하며 살아줘서 고맙다. 몸과 마음이 아팠던 순간을 잘 견뎌내 줘서 기특하다. 지금까지 해왔던 노력이 헛되지 않을 것이고 목표를 갖고 꾸준히 하고 있기에 더욱 성장하리라 생각한다. 사랑한다.

남은 날들 이렇게 산다면 좀 더 아름다운 마무리가 될 거 같아 삶을 통해 배운 것들을 시로 적어보았다. 지금까지의 삶이 정리되는 기분이니 모두 자신만의 시를 써보는 것을 추천한다.


남은 날들 나를 다시 키운다면


좋은 말, 긍정적인 말로 하루를 채우리라.
아침에 깨어, 잠이 들기 전 모든 것이 감사하다고 말하리라.


좀 더 좋은 걸 먹고 좀 더 움직이며
내 몸을 다른 방식으로 아끼리라.


모르는 것을 부끄러워하지 않고 배우는 것을 즐기리라.
새로운 경험을 하며 도전을 더 즐기리라.


말을 줄이고 경청하며
책을 더 가까이하고 더 많이 생각하리라.


하루를 기억하고 기록하며
내 시간을 더 알차게 채우리라.

내 가정을 더 따뜻하고 화목하게 하며
더 많이 함께 여행을 가리라.

돈에 대해 합리적으로 생각하고 부를 이루려고 노력하리라.
가진 것을 더 나누며 기부와 봉사를 더 많이 하리라.

자연에 대해 더 많이 감탄하고
환경문제에 대해 더 관심 두고 실천하리라.

가족과 친구에게 먼저 연락하고
사랑한다는 말을 더 많이 하리라.

행복을 멀리서 찾지 않으리라.
나 자신을 더 믿고 응원하며 사랑하리라.

100세까지 남은 날들 막연한 두려움을 덜어내고 준비된 설렘으로
채우자. 한번 해보는 힘으로 시작하고 위기 또한 삶의 과정으로 받
아들이자. 이 글을 읽고 있는 당신은 분명 헛되이 살지 않았을 것
이다. 배움을 내 삶에 녹여내 나를 가르치고 사랑하는 우리 아이
들을 가르치며 살자. 모두 미래에 더 행복하기를.

미래를 예측하는 최고의 방법은 미래를 창조하는 것이다.
_앨런 케이

# 김경태

## 오십대 직장인의 지금
## 그리고 100세

현재 제조업 27년 차 직장인. 신입사원 시절 제조 기술 엔지니어를 하며 고객과의 약속을 지키기 위해 일에 빠져 살다가 몸에 이상을 느꼈다. 다행인지 불행인지 IT 부서로 이동하게 되었고 수십 년을 기획 관련 일을 하고 있다. 언제나 흰 공백의 첫 페이지를 맞서기가 두려웠지만 새로운 것이 좋았기에 채우고 또 채우곤 했다. 어느덧 남은 인생에서 직장이 아닌 또 다른 채움을 위해 하나둘 빈 곳을 기획해 본다. 모든 사람이 한 아이의 부모로. 한 가정의 남편과 아내로. 한 가족의 아들과 딸이기에 마땅히 존중받고 믿어야 하며, 나이에 상관없이 누구나 스승이 될 수 있다는 믿음으로 사람을 대하고자 노력한다. 아직 직장인의 때가 겹겹이 쌓여 있어 사회에 나갈 준비가 덜 되어 있지만, 언제나 사랑하는 가족을 떠올리며 오늘을 도전하고 있는 평범한 직장인이다.

유비백세-有備無患 百歲無難

## 오래오래 평범한 직장인을 꿈꾸며

나이는 생각만 해도 불안한 느낌만 들고, 숫자에 불과하다며 외면해 왔다.

그런데 100세는 두려움보다 '그때까지 가능할까?' 라는 호기심으로 다가왔다.


살아온 날만큼 남은 그날들을 만나 볼 수 있을지.

기대와 동시에 정신이 퍼뜩 들었다.

'나는 지금 어디에 있는지, 앞으로 무엇을 해야 하는지'.

뭐라도 생각하고 계획해야 할 것만 같았다.

갑작스러운 호들갑에 모처럼 활기를 띤다.


평범한 직장인이 무슨 이야기를 하지?

요즘 나오는 베스트셀러처럼 과거에 이만큼 힘들었는데

나중에 이런 방법으로 성공했다,

이런 결과를 줄 것도 없고. 나조차도 아직 이룬 것 없는 갈팡질팡한 상황.

그러나 평범함이란 모든 사람이 겪을 수 있고

나 같은 사람이 있다는 걸 알면 좀 더 위로되지 않을까? 감히 용기 내 본다.


기억에서 지우고 싶은, 다시 꺼내기 부끄러운 과거이지만,

그 길로 가지 말라는 진심을 누군가 알아채고

자신의 길을 더 밝고 빛나게 만들어 가기를 간절히 소망해 본다.

얼마 남지 않은 직장인으로서 사회에 주는 내 소명이 아니겠느냐며

혼자 큰 뜻을 부여하며 소소한 이야기를 해본다.

# 1. 50에 찾아온 위기

어슴푸레한 초겨울 새벽.

어김없이 기상 알람이 울린다. 졸린 눈이 번쩍 떠지는가 싶더니
용수철처럼 몸이 튕겨 알람을 끈다. 피곤해도 반사적으로 몸이
움직이는 건 직장인이라면 몸에 밴 생존 습관이다. 그런데 요즘은
좀처럼 침대에서 몸을 떼기가 힘들다. 점점 쌀쌀해지는 날씨가
따스한 이불을 더 쥐게 만들기도 했지만, 무엇보다 출근 그 설렘이
죽은 듯 고요하다.

27년 차 직장인. 세월이 어떻게 흘렀는지 모르겠다. 20여 년 동안
아침에 눈을 뜨면 오늘은 무슨 일이 기다릴지 가슴이 부풀었다.
무슨 말도 안 되는 허풍이냐고 하겠지만 실제 그랬다. 매일 매일의
변화가 활력소였고 희망으로 가득했다.

물론 힘들었던 시절도 많았다. 수개월을 아침에 세수만 해도 코피가 흘러 거울과 수건을 쳐다보기가 두려웠던 때도, 퇴근도 주말도 없이 몸이야 죽든지 말든지 나 몰라라 일했을 때도 출근은 즐거웠다. 열심히 일하면 언젠가 잘 살 수 있다는 기대감이 온몸 구석구석을 빈틈없이 채웠다.

그런데 직장인이라면 저마다 시기와 방식만 다를 뿐 언젠가 한 번은 온다는 그 순간이 예고 없이 닥쳤다. 나에 관한 갑작스러운 통보. '직장에서 서번트 리더십... 허상... 여기선 인정받기... 일만 해선... 착해서.. 안 된다' 등등. 빙빙 돌려 말했지만, 결론은 더 이상 이 회사는 나의 성장을 기대하지 않는다는 얘기. 나에게는 그렇게 들렸다.

뭔가 바라지도 않고 묵묵히 수십 년을 열심히 일했다. 동료, 상사, 회사를 위해. '아직 시작도 안 했는데 판단해 버리다니, 그마저도 겨우 이 정도로 생각했었구나!' 순간 머릿속이 하얘지며 가족이 생각났다. 언제나 회사가 먼저였고, 곁에 있어 주지 못하고 일만 했는데 미안한 마음이 들었다. 잘난 남편, 아빠가 돼주고 싶었는데 속이 더 상했다.

신문에서 본 샐러리맨의 후회라는 기사 내용이 스쳐 갔다. 일과 바꾼 인생, 끝내 돌아온 건 탈락, 이어지는 배신감, 결국엔 자책.

그땐 나와는 상관없다고, 직장을 그만두라고도 한 것도 아닌데 좌절하다니 이해할 수 없었다. 혹여나 그렇다 하더라도 나는 바로 일어설 거라고 자신만만했었다.

막상 그 상황이 눈앞에서 벌어지자 모든 사람이 잔뜩 비웃음을 띤 채로 나를 노려보는 것 같았다. 어떻게 하는지 보자는 듯이. 그동안 수 없이 읽은 자기계발서 내용처럼 '힘내. 이게 뭐라고, 다시 일어서면 되는 거야'라며 머릿속에서는 이성이라는 놈이 길길이 날뛰었지만 이미 가슴은 차갑게 굳어 있었다. 되돌릴 시간은 없었다. 나이가 곧 허들이 되었기 때문이다.

겉으론 아무렇지도 않은 듯했지만, 마음은 그렇지 않았나 보다. 그때부터 출근은 지옥 같았으니까. 즐거움, 희망이 언제 그랬냐는 듯이 사그라졌다. 회사로 향하는 걸음은 무거운 쇠사슬을 찬 듯, 늪에 빠진 듯 무겁고 버거웠다.

그러나 세상엔 작용이 있으면 반작용이 있다고. 내 눈을 가렸던, 열심히 일하면 잘살 거라는 대책 없던 장밋빛 허상들이 걷히기 시작했다. 현실이 하나둘 무섭도록 선명하게 보였다. 나는 지금 어디에 있는지, 무엇을 했던 것인지, 시간이 얼마나 남았는지. 생각하고 또 생각했지만, 질문의 답들은 초라했다. 나이 오십 초반, 별 전문성 없던 업무들, 길어야 몇 년. 이게 전부였다.

나이를 코로 먹는지 입으로 먹는지도 모를 만큼 바쁘게 지내던 하루하루였는데, 가진 것도 없이 마지막 종착점을 향해 갔다. 직장은 언제까지나 단단한 울타리일 거라고 믿었건만 시간은 백사장 위의 모래성처럼 모든 것을 사라지게 할 태세였다. 현기증과 식은땀이 났다. 째깍째깍 초침 소리가 시한폭탄처럼 다가왔다.

잠깐! 그럼 나는 어떻게 살아야 할까? 정년까지 회사에 다닐 수 있을까? 이 나이에 들어갈 수 있는 또 다른 직장이 있을까? 창업을 준비해야 하나? 한 번도 생각해보지 않았던 물음들이 봇물 터지듯 쏟아졌다. 의문과 걱정이 물고 물으며 똬리를 튼 채 머릿속을 꽉 채웠다. 어느덧 정신을 바짝 차려보니 주위가 낯설다. 이젠 제대로 인식하고 움직여야만 한다. 이대로 가만히 죽을 수 없다.

# 2. 직장의 변화

몇 년이 흘렀다.

세월이 약이라고 했던가. 감정 기복은 누그러졌다. 하지만 가슴에 깊게 파인 상처는 가끔 아렸다. 그런데도 제 버릇 누구 못 준다고. '아직도 정신 못 차리고 일만 하냐!'는 잔소리를 듣는다.

하지만 예전의 내가 아니다. 누구에게 일 못 한다는 말은 듣지 않게 했다. 그러나 더 하려 하면 냉정이 열정 앞을 막아서며 칼로 자르듯 선을 긋는다. 딱 거기까지만 하라고. 어떻게 살 것인지 매 순간 긴장의 끈을 놓지 말고 주변을 탐색하는 데 집중하라고. 그런 시선으로 세상 돌아가는 것을 보자 하니 요즘 심상치가 않다.

살아오면서 여러 파고를 겪었지만, 지금처럼 복잡하고 어수선한 상황은 처음이다. 어디서 온 폭풍이 거세고 무서운지 알 수 없다. 전 세계 온갖 이슈가 몰려와 세상을 휘어 감는다. 신입사원 시절인 90년대 말, 도산하는 기업들과 직장을 잃은 사람들로 아우성이 끊이지 않았던 무서운 IMF 때보다도 더 혼란스럽고 종잡을 수 없다.

무섭고 지긋지긋한 코로나도 벗어났나 싶었지만, 다시 활개를 친다. 중국이 봉쇄를 강화하니 글로벌 공급망은 여전히 꽉 막힌 동맥경화다. 엎친 데 덮친 격으로 러시아와 우크라이나의 전쟁은 세계 경제에 먹구름을 끼얹는다. 지금 시대에 전쟁이라니. 한 치 앞을 내다볼 수 없다.

국제적 기업들이 경기가 하락하자마자 대량 해고의 칼을 휘두른다. 그것뿐인가. 자기 나라의 이익이라면 누가 동맹이고 적인지 알 수 없이 엉망진창이다. 멀리 강대국들의 행동은 나비 효과라는 말이 무색하게 거대한 쓰나미처럼 모든 것을 집어삼킬 듯 밀려온다.

국내 기업들도 세계 정치, 경제, 사회의 무차별한 펀치에 정신이 없다. 안타깝지만 세계화 시대에선 피할 수 없다. 연일 TV나 신문에서 희망퇴직 등 불안한 기사가 쏟아진다. 앞으로 어떻게 될지 모른다는 불안감이 스멀스멀 기어오른다.
"어제 그 뉴스 들었어? 어디가 어떻게 될지 모른대"
귀가 쫑긋하다. 찌라시라며 외면해 보지만 오십 중반의 나는 새가슴이다.

신규 사업, 대규모 채용 뉴스가 나올라치면 자동으로 심장이 뜨끔하다. 청년 취업이 어려운 시기에 반갑고 좋은 뉴스이지만 몸의 세포가 긴장하며 본능적으로 위기를 직감한다. 채워진 컵이 새물을 담기 위해서 비워져야 하는 건 숙명이다. 작은 컵이 아닌 큰 강과 바다를 향해 뜻을 펼쳐 보겠노라고 박차고 나갈 수 있다면 좋으련만 나는 아직 준비되지 않았다.

직장 밖이 난리인데 직장 안은 평화로울까? 내부의 변화도 만만치 않다. 나보다 나이 많은 사람들이 안 보인다. 어느 날 갑자기 혼자 남아 있는 황량하고 어색한 느낌이란.
신입, 경력사원들이 내 주변을 채운다. 20대, 30대, 내 아이 또래다. 자라 온 환경, 받은 교육이 서로 다른 X ~ MZ 등 세대가 한 울타리에서 일하고 있다. 예전 같으면 새로운 환경에 적응해야 하는 사람은 신입사원인데 요즘은 나도 적응해야 한다.

지내다 보면 젊은 그들이 나와 얼마나 다른 생각과 행동을 하는지 금방 느낀다. 사람이 다른 건 당연하다. 다만 각자 당연하다고 여겼던 상황들이 당연하지 않게 되면 서로 당황하게 된다. 말 한마디 행동 하나만 잘못해도 나는 꼰대가 된다. 먹잇감을 노리는 하이에나 떼처럼 그러한 상황이 주변을 맴돌기에 방심하면 안 된다.

특히 후배 사원에게 일을 지시하거나 평가할 때 과거의 방식으로 하면 낭패를 겪는다.

"그 일을 왜 해야 해요? 그걸 왜 제가 해야 하죠? 왜 이런 결과를 제가 받아야 하나요?"

처음 질문 받던 날 무척 당황했었다. 라때는. 내 주장과 생각보다 상사의 눈치를 보며, 말 못하고 속앓이 했었다. 한 대 얻어맞은 기분이었지만 내가 갖지 못한 그들의 솔직한 행동과 사고가 부러웠다.

어쨌든 그들보다 많은 경험과 노련함이 있기에 역량만큼은 뒤지지 않노라 자부했었다.

착각이었다. 일하는 방식과 실력이 달랐다. 경험이 부족할 텐데 저런 생각과 성과를 낸다고? 처음엔 이해되지 않았다. 생각해보니 그들이 무엇을 어떻게 배웠는지가 나와는 달랐다. 중고생 교과서, 아니 초등학생 교과서를 보면 다름을 알게 된다.

'아니 뭐가 이렇게 어려워. 이런 걸 배운다고?'

오래전이라 잘 기억나지 않는다고 애써 위로해 보지만 누가 물어볼까 재빨리 책을 덮는 게 최선이다.

학습뿐만이 아니다. 그들은 체질적으로 몸속에 IT의 피가 흐른다. 차이를 말하지 않아도 짐작할 것이다. 스마트폰과 한 몸인 그들은 디지털 종족이라는 것을.

사람이 바뀌기에 문화도 따라 바뀌고 있다. 직급도 없고, 상호 존칭을 쓴다. 서로 칭찬하고 자신의 의견을 자유롭게 말한다. 모두가 그런 건 아니지만 이제는 이런 문화가 낯설지 않다. 사람과 문화만 바뀌고 있을까? 업무의 변화도 만만치 않다.

빅데이터가 유행하고 AI가 화두가 되었을 때 불구경하듯 했다. 아직 그런 것 없이도 업무는 잘 돌아갔으니까. 그런데 요즘은 AI니, 빅데이터가 업무에 쓱 다가온다. 대량의 데이터를 분석할 수 있는 파이선 정도는 코딩할 줄 알아야 하는 무언의 압박이 들어온다. 많은 사람의 입에서 알아듣지 못 할 말들이 오가니 신경이 쓰이지 않을 수 없다. 이 나이에 갑자기 난수표 같은 외계어를 공부해야 한다니. 머리가 아프다.

신입 사원 시절, 워드 프로세서 정도는 기본 사용 Tool이라 생각했다. 그런데 어떤 key를 눌러야 하는지 한참을 헤매던 선배들을 볼 때 이해가 안 됐었다. 그거 쉬운데. 지금 내 모습에서 그때 선배들의 모습이 비친다. 나도 뭐 별수 없구나! 어느덧 퇴물이라는 공간에 한 발짝 더 다가선 느낌을 지울 수가 없다.

직장 안에 있었음에도 정작 많은 것들이 변하고 있다는 걸 깨닫지 못하고 있었다. 가만히 있어서는 안 된다. 뭔가를 해야 한다. 직장인이라면 지금 잠깐 하던 일을 멈추고 진지하게 주위를 둘러보자. 현재의 내 모습과 업무가 미래를 위해 중요하고 필요한지, 부족한 건 없는지. 자신만의 방법을 고수하고 주변의 변화를 느끼지 못하고 있는 건 아닌지. '내 얘기가 아니고 다 남 얘기야'라며 귓등으로 듣지 말고, 진지하게 단 오 분이라도 생각해 봤으면 좋겠다. '그때 되돌아봤다면 결과가 달라지지 않았을까?' 이런 뒤늦은 후회를 하기 전에 말이다.

# 3. 몸의 변화

코로나가 아직 한창이다. 끝이 보이지 않는다. 평범한 일상을 꿈꾸지만, 코로나가 쉽게 돌려주지 않는다. 나는 한번 코로나에 걸렸다. 수백 년 전이었으면 역병에 사달이 났을 몸뚱이다.

과학 문명의 시대에 이런 끔찍한 일이 벌어지다니 자연은 아름답지만, 때론 너무 무섭다. 그래도 나는 아직 과학 덕에 무사하다.

많은 사람이 안타까운 이별을 하고 있다. 건강의 중요함을 가족과 이웃의 소중함을 일상의 무탈함을 감사 또 감사한다.

나라에서도 나는 젊은 층에 속하지는 않는가 보다. 부모님 나이만큼이나 나 역시 백신 접종 우선순위 대상자에 걸려 있다. 코로나 이전에는 일주일에 이삼일은 운동했었다. 잠깐의 운동이지만 건강을 유지하고 있다는 안도감을 줄 정도는 되었다. 그런데 매일

유비백세-有備無患 百歲無難

온종일 마스크를 쓰고 2년을 보내니 운동은커녕 숨쉬기조차 힘들다. 산소 공급이 잘 안되어서 그런지 머리도 어질하고 몸도 둔하다. 오십 중턱의 몸도 힘든데 코로나가 이상 신호를 부채질한다.

눈이 노화에 접어든 건 오래되었다. 눈이 좀 침침해서 안과에 갔더니 노화란다. 좋아지는 방법이나 약이 있는지 의사 선생님께 물었더니 있단다. 눈이 동그래졌다. 답이 궁금한가?
나이를 거꾸로 먹는 거란다. 노화가 오니 부아가 치미는 상황들이 많아진다. 물건에 붙은 제조번호나 식품의 유통 기한 글씨를 보려면 과학자의 모습이 따로 없다. 이리저리 아무리 갖다 대고 멀찍이 옆으로 째려봐도 글자가 안 보인다. 도대체 이 작은 글씨를 어떻게 보라는 건지 답답하다. 누가 보면 참 우스운 광경일 텐데 당하는 내 꼴은 서럽다. 어디 이것뿐이랴.

더 답답한 상황은 운전할 때다. 야간에 멀리 있는 표지판이 흐릿하다. 더 짜증이 나는 건 눈앞에 있는 내비게이션 지도도 잘 안 보인다는 거다. 멀리 있는 것도 가까이 있는 것도. 환장한다. 앞으로 오십 년은 더 사용해야 할 눈인데, 온종일 컴퓨터 앞에서 일하니 눈이 좋아질 턱이 없다. 여기에 강적이 등장했다.

바로 스마트폰이다. 작은 화면을 보고 나면 눈이 침침하다. 길거리에서 사람들은 보면 대부분 스마트폰을 보고 있다. 사람들의 눈이 걱정된다. 젊은 사람들은 지금은 모른다. 본인 눈은 절대 나빠지지 않을 거라고 확신할 테지만 글쎄. 사람의 몸은 웬만해선 다 비슷하다.

어느 날 마트에서 물건을 집고 씨름하는 자신을 보지 않으려면, 눈을 소중히 다뤄야 한다. 물론 일도 눈이 좋아야 잘할 수 있다. 보이는 게 없는데 일을 잘 할 수 있겠는가. 눈만 세월이 야속한 걸까? 아니 온몸이 삐걱거린다.

무릎은 앉을 때마다 끼익 소리를 낸다. 마치 부러질 것 같아 불안해서 앉지도 못한다. 몸에 좋다는 스쿼드를 하려고 하면 옆 사람 눈치가 보인다. 끼익 뚝 삐거덕, 소리가 온 동네에 울린다.

상처도 빨리 낫지 않는다. 얼마 전 손을 겹질려 깁스했다. 어렸을 때부터 유별스럽게 놀아 깁스도 자주 했고 금방 나았던 기억이 나서 몇 달 잘 지내면 될 거로 생각했다. 그런데 깁스를 푼 날 충격을 받았다. 손가락이 움직이지 않았다. 말로만 듣던 손가락 근육이 굳는다는 게 이런 느낌이구나. 세월이 몸을 이렇게 만든다.

몸의 변화에 더해 덩달아 의식도 나도 모르게 바뀌었다. 어렸을 때는 오늘은 세상이 어떻게 변했는지, 꼭 변했으면 좋겠다는 기대와 믿음으로 아침을 맞이했다. 변화는 새롭고 신기하게 다가왔기에 늘 흥분되고 벅찼다. 변화 없는 삶은 지루하고 따분했다.

그런데 요즘은 변화가 달갑지 않다. 뭔가 불안하고 불편하다. 변화에 적응하지 못하는 사람으로 비출까 봐 안 그런 척 해보지만 편하지 않다. 세상은 빨리 변하는데 내 의식이 따라가다가 그만 자빠진 게 분명하다. 변화를 따라가려 발버둥 치면 금세 새로운 변화가 쌩하고 앞질러 가니 말이다. 나이가 들면 어린아이보다 시간이 더 빨리 가는 것처럼 느껴진다는데 몸속의 빠름과 세상의 빠름이 중첩되니 속도가 장난이 아니다. 모르긴 몰라도 앞으로 더 따라가기 힘겨울 텐데. 옆에 지나가는 청춘들의 그 젊음이 참 부럽다.

이것뿐만이 아니다. 몸이나 의식보다 더 당황스러운 상황이 기웃거리니 미치겠다. 바로 기억력이 무뎌진다는 점. 매일 조금씩 잊어버리고 잃어버린다. 기억을 하려 해도 잘 기억나지 않는다. 기억이 나지 않으니 아무런 이상도 못 느낀다. 누군가 그 뭔가를 일깨워주기 전까지.
"아! 맞다. 그거!"
혹시나 하며 내가 이상한 건 아닌지 자꾸 의심하게 된다. 다시 기억이 떠오르면 치매 단계는 아니라고 하니 일단은 안심이다.

가끔 야근하고 나면 몇 날이 힘들다. 밤샘을 밥 먹듯 했었는데, 이젠 그렇게 하다간 제 명에 못 살 것 같다. 운동이라도 해야 하는데 피곤하다며 다음 날로 미룬다. 다음 날은? 피곤하다-!
몸은 자연처럼 그렇게 천천히 가을로 겨울로 접어든다.

어느새 내 주위엔 비타민이며 이런저런 약들이 잔뜩 놓여 있다. 해가 갈수록 가짓수가 늘어난다. 남들처럼 알아서 잘 챙겨 먹으면 좋으련만 잘 안된다. 먹어서 좋아진 건지, 먹었으니 이 정도인 건지 잘 모르겠다. 발버둥은 쳐야겠기에 오늘도 몇 알을 한꺼번에 입에 털어 넣는다.

견과류는 꼭 먹는다. 수험생은 아니지만, 두뇌 회전에 좋단다. 정말 좋아지냐고?

묻지 말고 그냥 먹자.

# 4. 사회의 변화

그때가 생각난다.

오래간만에 지하철을 타러 갔는데, 표를 살 수가 없었다. 분명 어딘가 있을 텐데. 아무리 둘러보아도 표를 파는 데가 보이지 않는다. 주변에 덩그러니 놓여 있는 자동판매기가 보였다. 그런데 뭔가 달랐다. 표가 아닌 카드를 사라며 500원을 넣으란다. 돈은 카드를 회수할 때 돌려준다고. 500원이 없으면? 표도 못사는 거야? 카드 보증금이 도입될 걸 몰랐다.

어디 이뿐이랴. 버스를 타러니 카드 리더기에 사람들이 스마트폰을 갖다 댄다. 뒷줄에 서서 주머니를 뒤적이던 손에 든 지폐와 동전이 민망했다. 집, 회사만 쳇바퀴 돌 듯 다녔고, 직장과 가까운 곳에 살다 보니 세상 물정을 몰라도 너무 몰랐다. 사회가 어떻게 변해가고 있는지. 최소한 자기가 사는 시대는 알아야 하는데.

예전에는 나름 직장이 사회보다 IT가 훨씬 더 앞서갔었다. 지금은 유물이 된 플로피 디스크로 집에서 컴퓨터 게임을 할 때 기업들은 정보 시스템을 통해 메일, 게시, 결재 등 의사소통뿐만 아니라 시스템으로 업무를 했다.

요즘은 사회가 직장보다 IT가 더 빠르게 발전하고 있다. 모바일로 대기표를 받는 식당들이 있는가 싶더니 이젠 병원, 약국 등 사람들이 오래 기다릴만한 곳에서도 사용된다. 식당 주문은 또 어떤가. 종업원이 아닌 키오스크로 주문받는 곳이 많이 생겼다. 간단한 메뉴는 이제 로봇이 음식을 만들고 서빙까지 한다. SF 영화에서나 보던 미래 문명이 현실로 꽤 많이 다가온 듯하다. 대세는 자율 주행차가 아닌가 싶다. 반자율 주행 자동차가 보편화되었고 운전대 없이 편하게 이동할 날이 곧 올 것 같다.

아침에 눈을 뜨면 어제까지 못 보던 새로운 물건이나 서비스들이 튀어나온다. 누군가 도깨비방망이를 휘두르는 걸까? 모든 것이 너무 빠르고 복잡하다. 대부분 시간을 회사에서 보내다가는 사회 부적응자가 될지도 모르겠다.

예전에 화제가 되었던 뉴스 기사가 있었다. 퇴직을 앞둔 나이 든

직장인들을 대상으로 사회에 나가면 어떻게 살아야 하는지 교육을 한다는 내용이었다.

버스, 지하철 타는 법, 물건 사는 법 등등. 그때는 왜 그런 걸 가르치는지 이해가 안 되었지만, 지금은 고개가 끄덕여진다. 내 신세가 그렇다.

젊은 사람들은 이해할 수 없겠지만, 오륙십 대 직장인은 그랬다. 별 보고 출근해서 별 보고 퇴근. 일상이었다. 어느 날 집에 일찍 들어간 아빠를 보고 아이가 낯설어서 울었다는 웃을 수도 울 수도 없는 이야기도 있었다.

직장에서는 기업이 외부 변화에 적응해야 살아남는다는 말만 강조하지, 개인이 사회 변화에 살아남아야 한다는 건 가르치지 않는다.

직업들도 다양해지고 변화하고 있다. 로봇은 직업을 없애기도 하고 만들기도 하는 양면성을 가진듯하다.

코로나로 인해 고용이 어려운 환경에서 수년을 버텨온 새로운 대처 방식으로 로봇이 일상생활에 등장하기 시작했다. 고용주는 생존을 위한 고육지책이었겠지만, 직장을 잃은 사람들에게는 고통이었을 것이다. 참으로 어려운 상황이다.

AI 관련 직업이나 직종은 두드러진다. 인력이 모자라서 연봉을 몇

배 얹어서 데려가려는 기업이 많다고 한다. 프로그램 개발이 3D로 취급 받던 시기가 있었는데 호황이라니 고생 끝에 낙이 온다고 부러울 뿐이다. 지금이라도 코딩을 배워야 하나? 엑셀 작업하기도 어려운데 웬 말인가 싶다.

또 다른 유망 직업은 유튜버. 자신이 잘하고 좋아하는 일로 사람들의 관심을 끄는 것만으로도 부러울 정도의 돈을 번다. 나만의 콘텐츠가 있을까 생각해 본다. 아직은 없지만 다른 사람들을 도울 수 있는, 유튜버 도전을 언젠가 해보고 싶다.

애석하게도 영화, 음악, 미술, 연예, 운동, 사회 전반에 걸쳐 젊은 사람들의 이야기만 넘쳐난다. 나이가 들면 점점 사회의 시선에서 멀어지는 걸까? 50대 이후 사람들을 위한 직업이 무엇이 있을지 찾아보려 해도 쉽지 않다.

얼마 전 연령별 직업에 관한 기사를 보았다. 대부분 직업에서 50대 사람들은 10% 정도에 그쳤고 가장 높은 비율은 농업과 관련된 직업이었다. 한때 귀농 얘기가 많았는데 지금도 그런가 보다. 귀농도 적응하지 못하고 실패한 사례가 종종 많이 들려온다. 성공한 모습만 보고 섣불리 뛰어들면 안 된다. 사람 사는 데 쉬운 일이 없다.

점점 의학의 힘을 빌려 고령화는 높아진다. 농촌에 젊은 사람을 볼 수 없다는 얘기는 벌써 오래전인데, 이젠 사람이 없어 점점 사라지는 지역들도 많아진다고 한다.

앞으로 50년. 사회는 더 많이 변할 텐데, 마냥 지켜만 보거나 무시할 수 없다.

내가 사는 여기가 바로 사회이기에 사회에 뛰어 들어가야 한다.

뒤처지지 않기 위해 가끔은 일으켜 달라고, 부축해 달라고, 어깨 동무하자며 손을 내밀어야 한다.

# 5. 직장인의 미래 준비

지금까지 내가 겪은 직장의 변화, 몸의 변화, 사회의 변화를 개인
적인 입장에서 정리해 보았다. 오십 된 직장인이 바라본 지금이라
는 상황이 여유로우면 좋으련만 불안하고 우울한 내용이 많다.
변화를 세심하게 느끼고 미리 준비하지 못한 부족함 때문이다.

그렇다고 낙담만 하고 있어야 할까? 그래선 안 된다. 100세 시대
에 나는 아직 반환점에 서 있을 뿐이다. 지금부터 노력하면 남은
미래가 조금이라도 변하지 않을까? 100% 그렇지 않다고 누가
장담할 수 있을까! 그러니 생각해 보자. 100세를 맞이하기 위해
나는 어떻게 출발할 것인지를!

의식은 늦었지만, 시작이 반이라 하지 않았나! 희망의 끝자락을

부여잡기 위해 생각에 안간힘을 써봤다. 몇 가지 다짐이 나왔다. 짧은 시간 만에 내놓아 미흡하지만 시작했다는, 계획을 세웠다는 점만으로도 살짝 뿌듯함이 흐른다.

누가 뭐라고 해도 먼저 해야 할 일은 건강을 챙기는 거다. 건강 없이는 아무것도 없다. 직장인은 언제 어떤 일을 할지 모르기 때문에 몸이 건강해야 한다. 골골대며 일할 수는 없다. 누군가 눈치를 채면 가만히 두겠는가.

살면서 몸에 좋은 음식에 꾸준히 운동해야 한다는 말은 수없이 들었다. 다만 잔소리로 치부하고 남들도 뭐 대충 이렇게 살지 않나 하며 지낸 결과가 지금의 나다. 남은 50년을 어떻게 이 몸이 버틸 것인가 진지하게 고민해 보다가 문득 깨달음들이 스쳐 갔다. 내 몸에 관한 잘못된 인식을 버리자.

나는 무조건 건강할 거라는 맹신. 내 몸이라고 해서 남들과 다르지 않을 텐데 반영구적인 물질로 만들어진, 무쇠의 몸일 거라며 방치했다. 그저 약하디약한, 점점 노쇠해져 가는 몸일 뿐인데 말이다.

그럼 이제부터 어떻게 해야 하나? 여태 안 해본 게 없는데. 생각해 낸 해법은 철저히 내 몸과 정신을 분리해 보는 거다. 몸은 아무런 결정권 없는 단순한 몸뚱어리에 불과하며 정신은 몸뚱어리의 관리자다. 관리자는 몸이 탈이 나지 않도록 유지 관리하는 데 전념한다.

우리 주변에는 보기만 해도 군침이 절로 나오는 맛있는 음식들이 365일 24시간 넘쳐난다. 몸과 정신이 한 패라면 이러한 유혹을 서로 부추겨 이겨내기 어렵다. 내가 진정 관리자라면 50년 이상 써야 할 몸뚱어리에 혈관에 좋지 않은 콜레스테롤 기름 덩이를 밀어 넣겠는가, 근육도 너무 뻣뻣하고 녹이 슬어 부러질 것 같은데 운동도 안 시키고 게으르게 놔두겠는가.

관리자는 맛이 있건 없건, 몸이야 힘들든 말든 상관하지 않는다. 오직 가동 연한 50년 동안 몸을 지속해서 굴릴 수 있는 좋은 메커니즘만 생각하고 명령한다.

이 방법이 효과가 있을까? 첫술에 배부를 수 없다고 하루아침에 사람이 변하지는 않았다. 그러나 조금씩 관리자의 심경으로 몸을 바라보고 노력하니 음식과 운동을 컨트롤하기가 전보다 훨씬 쉬워졌다.
'야식으로 치킨을 시켜? 아님. 족발? 뭐 오늘 좀 먹고 내일 운동하면 돼'라며 갖은 논리에 넘어가 다음날 후회하던 내가 점차 변했다.

관리자가 이걸 몸에 넣을지 말지 너무나 단순한 선택과 결정으로 빠르게 행동을 제재하기 시작했다.

나약한 내가 아닌 독한 관리자가 항시 대기하고 있으니 뭔가 달랐다. 뭐 이렇게까지 맛없게 맘대로 살지도 못한단 말인가, 투정 부려도 소용없다. 관리자! 독한 놈! 그러면 된 게 아닐까.

두 번째는 어떠한 풍파에도 흔들리지 않을 굳은 마음가짐을 가지는 일이다. 지금까지 살아오면서 느꼈던 우울함, 부족함, 무능력함에 여전히 갇혀 있다면 남은 50년도 어두울 거다. 아닐 거라고 부정하지 말자. 자명하다.

굳은 마음이란 부정적인 감정들, 상황들을 깨부수고 꺾임 없이 나아갈 수 있는 마음이다. 자신감, 긍정, 끈기 등등 여러 가지가 있다. 그런데 나는 비교하지 않는 마음을 갖는 게 중요하다고 생각한다. 왜냐하면 언제 어디서든 기척도 없이 불쑥불쑥 찾아오는 불청객이 비교라는 놈이기 때문이다.

참고 무시하기 힘들다. 학교, 성적, 외모, 체력, 지식, 돈, 집, 차, 옷, 지위, 행동, 자식, 부모 등등 가리지 않는다. 비교하면 할수록 초라해지고 부족해진다. 언제나 상심하는 건 나다.
왜? 항상 잘 되고 잘난 사람하고만 비교하니까. 백전백패다.

물론 차이점을 극복하고자 이 악물고 열심히 노력해서 성공하는 사람들도 있지만 그러면 뭐 하나 내가 그렇지 않은데. 앞으로 또 얼마나 비교당하면서 스스로 주눅이 들지. 안 봐도 안다. 그래서 더더욱 흔들림 없이 살기 위해서는 남과 비교하지 않는 마음을 가져야 한다.

문제는 어떻게 비교하지 않느냐이다. 해법은 사람마다 다르겠지만 나는 이 방법을 택했다. 비교에 맞서자. 깔끔하게 인정하자. 다만 결론은 지금이 아닌 나중에 하자.

비교란 놈을 만나면 이렇게 하는 거다. '아! 지금 내가 더 부족하구나'. '아! 지금 내가 가진 상황이 더 나쁘구나'. 그렇게 솔직히 인정하는 거다. 그러나 결론을 내리지 않는다. 지금은 이렇지만 내 미래의 끝은 아직 그 누구도, 나조차도 모른다. 결론은 내 인생이 끝나는 그날 하는 거다. 그때 가서 달라진 나였다면 기뻐하고, 부족한 나였다면 슬퍼하자. 다음 생에 다시 잘해보겠노라고.

요즘 들어 부쩍 비교하던 일이 많았기에 이 생각이 머릿속을 한번 훑고 지나가니 마음이 좀 강해졌다. 미리 결론을 내리기에는 남은 인생이 아직 길지 않은가. 일단 오래 살고 볼 일이다.

세 번째. 현재 직장을 끝까지 잘 다니는 거다. 사람마다 처한 상황이 다르다. 요즘 우리 주변, 세계적인 상황은 칼바람이다. 세계 경제가 23년에도 침체할 거라는 전망으로 어둡다.

이런 시점에 준비도 안 된 채 무언가를 시작한다면? 믿고 싶지 않겠지만 성공 확률이 낮을 것이다. 잠시 생각을 접고 현재 직장에서 기회를 도모하면 더 좋지 않을까.

난 그렇게 정년까지 살아남고 싶다. 문제는 아무 일 없이 그때까지 버틴다는 게 쉽지 않다는 거다. 사람, 일, 비즈니스 변화에 적응해야 하는데 몸과 생각이 예전만큼 능숙하지 않다는 건 이미 안다. 그렇기에 안심하거나 포기하지 말고 더 열심히 부지런히 생각하고 움직여야 한다.

과거에 얽매이지 말고 새로운 일에도 관심을 두고 모르면 부끄러워하지 말고 묻고 찾아봐야 한다. AI, 로봇, 메타버스 등등 디지털 업무로 빠르게 변해가니 따라가는 시늉이라도 해야 하지 않겠는가.

기술은 발전을 멈추지 않을 거고 멈출 수도 없다. 나에게도 유리한 점이 있다. 정년까지 불과 몇 년밖에 남지 않았지만 산전수전 다 겪은 노련함이 있다. 신입 때 마음만 다시 불러온다면 소중한 시간을 잘 활용할 수 있다. 60세를 넘어 새로운 직장, 직업을 얻기 위한 기회의 발판으로 삼아야 한다.

지금까지 도전하지 못한 직무가 있다면, 하고 싶은 분야가 있다면 마지막이라는 심정으로 도전해 보자. 나이 많고 직급 높은 사람일수록 새로운 일, 새로운 부서는 내가 가진 모든 걸 포기해야 하는 상황이라는 것을 모르는 사람은 없다. 가만히 있으면 편한데 뭐하러 쓸데없는 짓을 하냐고 말할 수도 있다. 당연하다. 가만히 있으면 변하는 게 없다는 점도 당연하다.

남은 인생을 위해 정말 필요한 경험과 지식, 지혜를 얻고 싶다면, 울타리 밖의 냉혹한 전쟁터에서 고군분투하기보다 현 직장에서 경험과 실패를 쌓고 준비하는 편이 더 좋지 않을까?

퇴직자 중 창업으로 벼락부자가 된 사람도 분명히 있다. 그건 그 퇴직자의 상황이자 운이지 내 것이 아니다. 누군가 그랬다. 무턱대고 창업하려는 사람의 마음에는 무조건 성공한다는 자만심이 가득 차 있다고.

어느 책에서도 본 듯하다. 현재 월급과 미래의 창업 수익을 꼼꼼이 따져 봐야 한다고. 꿈같은 대박 수익이 과연 남은 수십 년 동안 꼬박꼬박 들어오는 월급보다 많은 이익을 낼 수 있는지 따져 보라고.

나는 너무 늦게 깨달았다. 너무 미래를 대책 없이 좋아질 거라는 희망으로 살다 보니 전문성을 키우지 못했다. 전문성 없는 일은 없다. 그렇게 만들지 못했을 뿐. 그래서 늦기 전에 미래에 도움이 될 만한 업무로 도전하고 있다. 새로운 시작이기에 가진 게 많이 부족하다. 전문성을 갖출 수 있을지, 미래의 직장과 직업과 연이라도 닿을 수 있을지 장담할 수 없지만 시도해본다. 열심히 하는 건 자신 있지 않은가. 회사를 직장인이 아닌 사장처럼 생각하고 행동하라 했는데, 끝날 때가 되니 이제야 철이 드나 보다.

네 번째. 이제 사회에 나갈 준비를 하는 일이다. 대한민국이라는 나라. 사회의 빠름이 대단하다. 하루가 멀다고 새로운 문물들이 생기고 사라진다. IT 강국이라는 타이틀이 괜히 나온 게 아니다. 문제는 변화를 쉽게 알아차리기도 어렵고 또 알았다고 해도 제대로 알기 어렵다는 점이다. 물건을 사는 법, 어딘가로 이동하는 법, 다른 사람들과 소통하는 법, 노는 법, 일하는 법이 예전과는 사뭇 다르다.

IT라면 꽤 자부했던 나였지만 지금은 주변에 눈치를 보느라 정신이 없다. 얼마 전만 해도 식당에서 음식을 나르는 로봇을 보고 신기해했는데, 불과 며칠 사이에 벨을 누르면 다 쓴 접시나 휴지 등을 치우러 로봇이 왔다. 이게 무슨 일이래? 복작복작한 식당 안에서 로봇과 사람들이 부딪히지 않으려고 애쓰는 모습이 너무나 자연스럽다. 인간과 로봇이 함께 걸어가고 마치 가족처럼 살아갈 날이 머지않았다.

이런 발전을 어떻게 느끼고 경험해야 할까? 집과 직장에서만 있으면 안 된다. 가끔은 사람들이 많은 곳에 가야 한다. 또 무엇이 변했는지 볼 겸 또 모르는 물건이 나오면 물어볼 겸.

키오스크 앞에서 한참 화면을 바라보며 집게손가락을 들고 있는 모습들을 본 적이 있는가. 내가 그랬다. 혹시 이 장면이 떠오르지 않는가. 고난 끝에 지구인과 진심으로 소통하던 마지막 ET의 떨리는 손가락. 우리도 새로운 외계 물건들과 소통을 시도해야 한다.

진심이 통하면 먹을 수 있고, 내 것으로 만들 수 있다. 어렵다고 외면하면 할수록 사회와 더 멀어질 뿐이다. 산속에서 평생 자급자족하며 살지 않을 거라면 사회와의 끈을 이어가야 한다. 누가 옆에서 알려주면 좋겠는데, 로봇이 그렇게 해주려나?

앞으로 해야 할 일이 많다. 다 할 수 있을지 모르겠다. 솔직히 앞서 말한 몇 가지만 한다고 준비가 끝났다고 말할 수는 없다. 어렸고 철없었던 시절보다 더 많은 일들을 해야 할지 모른다. 그렇기에 그 전에 정말 해야 할 중요한 순서가 남아 있다. 바로 지금까지 잘 버텨준 나를 인정하고 칭찬하는 일이다.

나는 여태 나 자신을 칭찬해 준 적이 별로 없다. 아니 나라는 존재를 인식조차 한 적이 있나 싶다. 언제나 불평과 불만만 있었을 뿐. 항상 같이 있던 존재는 나였는데 그렇게 힘들게 살아온 게 나였는데 정작 나는 없었다. 살아온 삶이 최고가 아니었겠지만 치열하게 살아 준 내가 고마웠다.

고생했다는 말을 처음으로 혼잣말했다. 작은 떨림을 느꼈다.
누가 뭐라고 해도 내가 나를 인정하고 다독이면 되는 것을.
가장 가깝고 든든한 친구는 바로 나다.

다시 50년 여정을 함께 떠나본다.
언제나 힘들 때 세상에서 가장 큰 힘이 되어준 가족이라는,
사랑이라는 든든한 배터리를 가슴에 충전하고.
젊었던 나와 이젠 느긋한 중년의 나와,
노년의 미래의 나를 만나러.
100세야, 안녕?

# 부정필

## 어느새 50년?
## 아니, 아직도 50년!

현, ㈜전주페이퍼(구, 한솔제지) 인사총무팀장. 충무공의 얼이 서린 전남 진도의 명량해협 앞바다를 놀이터 삼아 호연지기를 키우며 자란 것과 세 아이의 아버지임을 자랑스럽게 여기는 애국자. 지식과 정보의 전달 매체인 종이를 생산하는 회사에 근무하는 것에 자부심이 강한 29년 차 셀러리맨. 인사/교육과 영업의 경험을 바탕으로 내외부 고객 목소리에 귀 기울일 줄 아는 따뜻한 카리스마의 소통가. 아재 개그를 즐기며 가끔 번뜩이는 언어유희로 주변을 웃게 하는 언어의 마술사. X세대부터 MZ세대까지 모두를 아우르고 싶어 하는 꼰대인 듯 꼰대 아닌 꼰대. 예술/사회/정치/평화에 대한 관심이 많아 다양한 사람들과 교류하는 감초 중년. 부조리한 세상 속 일상의 단상을 풍자시나 에세이로 즐기는 방구석 로맨티시스트. 저서에는 시집 "하루하루 시작(공저)"이 있다.

유비백세-有備無患 百歲無難

『삶/꿈』, 『집/벗』, 『앎/돈』, 『일/쉼』, 『몸/맘』

어느덧 내 나이 50대 중반, 대한민국 남성 평균수명을 80세로 본다면,

벌써 나는 인생의 가을을 보내고 있는 셈이다. 나는 스산한 바람에

쓸쓸히 낙엽 지는 그런 가을보다는, 만산홍엽 온 천지를 물들이며

활활 타오르는 아름다운 가을이 되고 싶다. 또한 나는 꽁꽁 얼어붙은 동토이거나

깊은 잠에 빠져드는 동면이 아닌, 따뜻하고 여유로운 겨울을 맞이하고 싶다.


백세시대라는데, 내 지나온 50여 년에 대한 잔잔한 『반성문』을 바탕으로,

앞으로 살아낼 50여년에 대한 단단한 『계획서』를 써보기로 했다.

'지나온 날'과 '살아낼 날'에 대한 생각들을 한 글자 우리말로 담아 보았는데,

그게 바로 『삶/꿈』, 『집/벗』, 『앎/돈』, 『일/쉼』, 『몸/맘』이다.


뜻깊은 『삶』을 살아가기 위해서 어떤 좋은 『꿈』을 꾸며 살아갈 것인가, 따사로운

내 『집』인 가정을 온전히 지키며 주변의 『벗』과 인연들을 어떻게 소중히 이어갈 것

인가, 때에 맞춰 뭔가를 배워 『앎』의 욕구를 충실히 채우며 가진 『돈』을 어떻게 가치

있게 쓸 것인가, 의미 있는 『일』을 찾아 제대로 일 잘하며 적절한 『쉼』을 통해 어떤

재미를 만들 것인가, 어떠한 몸가짐과 정신자세로 『몸』과 『맘』의 균형을 이루어

나갈 것인가 하는 내용을 중심으로, 담담하지만 당당하게 그려 보았다.

# 1. 『삶 · 꿈』

어려움 속에서도 꿈과 희망을 잃지 않고,
끊임없이 도전하는 삶을 살고 싶다.

"한 번뿐인 내 인생, 정말 멋지게 살자"라며, 부푼 꿈을 안고 수도 없이 각오를 다지며 살아온 듯하다. 그러나 그 각오는 작심삼일이 될 때가 있었고, 길어야 1년이 못 간 적도 많았다. 그래서 매년 제야의 종소리를 들으며, 지나온 한 해를 되짚어 반성하며 새해를 다짐하는 시간을 갖곤 했나 보다. 매번 '결심보다 결행'이 중요하다는 진리를 곱씹으면서 또 한 살의 나이를 먹어가곤 했다.

내 어릴 적엔, 장차 어른이 되면 하고 싶은 것이 참 많았었다. 마주하는 모든 게 설렘으로 다가왔다. 그래서 어릴 적이나 학창 시절엔 장래 희망 또는 꿈이 늘 변했나 보다. 새로운 것 좋아 보이는 것만 보아도 나도 되고 싶고 나도 하고 싶었다. 학교 선생님, 방송작가, 성우, 아나운서, 화가, 경찰, 공무원, 판검사, 변호사 등의 꿈

변화 과정을 거쳐 결국 회사원이 되었다. 진즉 나는 어른이 되었고 이제 곧 노인이 되겠지만, 아직도 나는 하고 싶은 것이 참 많다. 그러나 모든 게 설레는 것은 아니다. 지난 시절에 대한 아쉬움과 허무함, 그리고 다가올 날들에 대한 두려움과 막막함이 더 많아지는 듯하다.

"알파벳 B와 D사이에는, 당연히 'C'가 있다." 20여년전 한 강사는 "B는 Birth출생, D는 Death사망"를 의미한다면서, 그 사이에 있는 『C씨』를 어떤 종류로 어떻게 뿌리고 가꾸는가에 따라서 우리네 삶은 엄청나게 달라질 것이라고 했다. 여기서 『C씨』는 Choice선택, Challenge도전, Change변화 등 다양하게 적용할 수 있다면서, 출생Birth과 죽음Death 사이 우리 삶Life 속에서 어떤 선택을 하고 어떻게 도전하고 무엇을 변화시키는가에 따라 우리의 삶이 풍요로워질 수도 그 반대일 수도 있다는 것이었다.

꿈의 다른 표현은 아마도 동기부여일 것이다. 꿈을 갖는다는 것은 목표에 대한 동기부여가 확실히 된다는 것이다. 그래서, 꿈을 통해 한 사람의 삶도 바뀌게 되는 것일 테다. 더 늦기 전에 이제 아직도 팔팔한 50대일 때, 내가 꼭 해야 할 것이 무엇인가를 생각하게 된다. 다양한 나의 분야별 단기 목표들이 나의 선택Choice에 따라 골고루 채워질 것이다.

꿈의 또 다른 이름은 희망Hope이라 할 것이다. 최근 얼마 전 매몰사고가 발생한 봉화 탄광에서 221시간 만에 극적으로 구조된 광부들이 커피믹스를 밥처럼 먹으며 버텼다는 소식을 접하며, 우리 삶에서 희망이 주는 가치를 다시 한번 알게 되는 계기가 되었다. "사람은 절망이라고 느낀 순간 진짜 절망에 빠진다"라고 한다. 하여, 나는 이제부터라도 어떠한 상황에서도 희망<sup>Hope</sup>을 잃지 않는 삶을 선택<sup>Choice</sup>하고 싶다.

"너무 늦었다는 건 없다. 포기하지 마세요." 최근 한 쿠바계 미국인 할머니가 시상식에서 했던 말이다. 그녀의 이름은 '앙헬라 알바레스'. 미국 라스베이거스에서 2022년 11월에 열린 제23회 라틴 그래미 어워즈에서 가수 겸 작곡가인 앙헬라 알바레스가 95세의 나이에도 불구하고 신인상을 받았다. 미국 CNN 방송에 따르면 알바레스는 2022 라틴 그래미 어워즈에서 '최우수 신인 아티스트' 부문에서 상을 받았는데, 역대 가장 나이가 많은 수상자라고 한다. 앙헬라 할머니라고도 불리는 알바레스는 무대에 올라, "꿈을 이루지 못한 사람들에게 비록 삶이 힘들더라도 항상 탈출구는 있다고 말해주고 싶다"라고 덧붙였다.

73세의 나이에도 불구하고 콘서트를 열고 신곡까지 발표했다는 '국민가수'이자 '가왕' 조용필의 최근 소식, 76세에 처음 붓을 잡아 그린 그림으로 유명해져 미국의 국민화가로 불리다 101세에 세상을 떠난 '모지스<sup>Moses</sup> 할머니'의 사례, 무려 33년간 단일 프로그램을 진행해 오면서 최고령 음악프로그램 진행자로 기네스북에 등재되기도 했던 '국민 MC' 송해 선생의 95년의 삶 등을 보면서 정말 대단한 분들이라고 생각했었다. 그런데, 95세의 나이에 음반을 내고 신인상까지 거머쥔 앙헬라 할머니의 꿈과 도전정신을 접하고 보니, 그 감동과 놀라움이 나를 더욱 가슴 뛰게 한다. '인생은 짧고 예술은 길다.'라고 했는데, 인생 또한 길다는 느낌이다.

'백세인생', 100년이란 세월은 무척이나 길다. 이젠 나이 드는 것을 두려워 말고, 내 삶의 열정이 식는 것을 두려워해야 할 것 같다. 그래서, 나도 그 세월을 끊임없는 '도전'으로 채워 나가고 싶다. "중꺾마", 중요한 것은 꺾이지 않는 마음이란 요즘 유행어를 되새겨 볼 만하다.

이에, 나는 보다 도전적인 내 삶을 꿈꾸며, 오늘도 다양한 도전 목표들을 세워놓고 있다. 예를 들어, 1일 1회 이상 가족에게 사랑한다고 말하기, 친구나 지인에게 1일 10명 이상 안부 전화하기, 매일 일간신문을 읽고 주요 내용을 정리해보기, 지리산 둘레길 전 구간 순례 완보하기, 최신 랩 가요 5곡 이상 배워 노래하기, 매일 하루 30분 이상 걷기/스트레칭하기, 골프 싱글 타수 세 번 더 해보기 등 이루 다 헤아릴 수가 없다. 목표 달성이 그리 만만치는 않다. 그러기에 더 도전할만한 가치가 있을 것이다.

# 2. 『집 · 벗』

가족 간 대화와 소통의 기회를 늘리고,
오래된 벗과 이웃의 어려움도 함께하고 싶다

여기서 '집Home, 가정'은 소위 의식주衣食住 구분에서의 주住, shelter의
개념이 아니다. 즉, 거주나 주거의 수단으로서의 집shelter, house이
아닌, 구성원간의 소소한 재미와 열린 소통과 끈끈한 친밀감으로
엮어진 가정home 또는 가족family이라는 공동체를 의미한다.

나태주 시인의 〈행복〉이란 시에 보면, 바쁜 일상에서도 저녁이 되
면 가족이 기다리는 편안한 '집'을 찾아 들어가 지치고 멍든 몸과
마음을 달랠 수 있다는 것 그 자체만으로도 이 얼마나 큰 행복이
냐며 노래하고 있다. 몇 달 전 한 라디오 음악프로그램에서 '나는
어떨 때 행복을 느끼는가?'라고 청취자들의 의견을 물은 적이 있
다. 정말 다양한 문자들이 댓글로 올라왔다. '등 따습고 배 부를
때'라는 원초적인 답변에서부터, '농담하며 웃을 때', '집에 와서 한

잔할 때, '자유롭게 걸을 수 있을 때', '맛난 음식 해 먹을 때', '매일 아침 눈을 뜰 때', '건강검진후 이상 없다고 들었을 때', '라디오에서 좋은 글이나 음악이 나올 때', '만 나이로 바뀌어 한 살 줄어들 때' 까지 다양한 생각들이 소개되었다. 라디오를 들으면서 나도 생각해 보았다. "지금 이 순간, 내가 행복하다고 인정하면, 그게 바로 행복"이란 결론을 얻었다.

자잘한 이야기일지라도 가족 간에 공유하고 서로 도움 주고받는 사이가 되었으면 좋겠다. 어차피 우리네 인생을 산다는 것은 다 거기서 거기다. 그저 허물이 보이면 덮어주고 토닥이며 둥글게 사는 게 우리네 인생이다. 나이를 하나 둘 더 먹어 가면서 우리 인생에서 웃을 기회가 많이 사라진 듯하다. 어렸을 때는 하찮은 것들에도 쉽게 웃고 떠들곤 했는데 말이다. 한 장 한 장 쌓은 벽돌이 하나의 집이 되듯, 가족 간에 자잘한 추억 하나하나가 모여 따뜻한 가정을 만들 수 있다고 본다.

이제부터라도 가족 간 대화의 시간을 늘려야겠다. 서로 얼굴 보고 얘기할 시간이 부족하다면, 매일매일 카톡 문자라도 보내서, '고맙다', '사랑한다', '수고했다', '믿는다', '잘 될 거야' 등의 메시지라도 남겨 놓아야겠다. 매일 좋은 글들을 찾아 카톡으로 보내 내가 꼰대 아빠가 아니라는 것을 보여주고 싶다. 또한 멀리 시골에 계신 부모님에게도 바쁘다는 핑계로 자주 연락 못 드리고 자주 찾아뵙지도 못했는데, 더 자주 최소 이틀에 한 번씩은 꼭 안부 연락 드리거나 안부 문안 문자를 보내야겠다. 굳이 말이 아닐지라도 소리 없는 문자 일지라도 가족 간 따스한 감정은 교류해 줄 수 있기 때문이다.

우리네 삶은 끈의 연결이다. 즉, 만남의 연속이다. 흔히들 사람인 人이란 글자도 서로가 만나서 기대고 있는 형상을 표현한 거라고도 한다. 이처럼, 끊으려야 끊을 수 없는 인연의 끈에 연결되어 관계를 맺고 있는 것이 우리네 삶인 듯하다. 그 수많은 인연의 끈 속에서 단연 으뜸은 '벗' 즉 친구가 아닐까 싶다.

벌써 약 40여 년 전 대학 초년생 시절, 친구로부터 선물 받은 유안진 시인의 《지란지교를 꿈꾸며》 라는 수필집을 읽고 그 내용 일부를 달달 외우다시피 한 적이 있었다. 물론, 그 에세이의 내용처럼, 비 오는 날 저녁에도 고무신 끌고 김치 냄새 풍기고 친구 집에 찾아가서도 차 한 잔 주라고 할 수 있는 친구를 만드리라 그리고 나도 그런 친구가 되리라는 소박한 꿈을 꾸었다. 그러나, 수십 년이 흐른 지금 생각해 보면, 현실은 그렇지 못했다. 어떤 연유에서인지는 몰라도 둘도 없던 친구와 멀어져서 수십 년간 연락이 안 되기도 하고, 며칠 전 만난 친구나 지인도 수십 년 만난 친구처럼 금방 가까워지기도 한다.

친구와 술은 오래될수록 좋다고 한다. 노후를 즐겁게 살기 위해서,

나는 누구보다도 우정을 함께 나눌 오래된 벗들이 많았으면 좋겠다. 하지만, 흔히들 참다운 친구는 많지 않다고들 한다. 나 또한 내 친구들에게 참다운 벗이 되고 있는가 자문자답해 본다. 진짜 사람 냄새가 나는 친구로서 내가 인정받을 수 있는가? 부끄럽지 않을 수 없다. 그래서, "주식지우 酒食之友 천개유 千個有하고, 급란지붕 急難之 朋 일개무 一個無"라는 옛말이 있나 보다. 술 마시고 맛있는 음식을 먹을 때의 친구는 천명이나 되지만, 어렵고 힘들 때 함께 할 친구 는 없다고 옛 선현은 한탄했다. 함께 아픔을 나눌 수 있는 한 명의 친구만 있어도 그 사람은 행복하게 살아갈 수 있다고들 말한다. 또한, 일생에 진정한 세 명의 친구만 남긴다면, 성공한 인생이라고도 한다.

내 남은 인생에서 후회가 남지 않도록 주변 사람이 어려울 때 함께 해주는 벗이 되도록 노력해야겠다. 그리하여, "인향만리人香萬里"라는 말처럼, 좋은 사람들과 좋은 향기를 나누는 아름다운 인연의 끈을 이어가고 싶다. 인생길 같이 걸어줄 누군가가 내 곁에 또는 내 끈 안에 있다는 것, 그것도 어려울 때 함께할 수 있는 벗으로 있다는 것, 이것만큼 우리 삶에 행복한 것은 없을 것 같다. 지금 당장 전화기를 들어, 지금까지 나랑 한 번이라도 인연의 끈을 맺은 많은 분께 차례로 안부 전화라도 드려야겠다.

# 3. 『앎 · 돈』

## 항상 새로운 것을 배우고 익히며,
## 작은 것이라도 남에게 나누고 베풀고 싶다

여기서 '앎Knowledge'은 지식 · 지혜 · 정보나 이성 · 감성, 체험 · 참여 등을 포함한 모든 종류의 학습활동을 말한다. 이런 앎의 과정이 없다면, 더 이상 인간은 인간다운 삶이 아닐 것이다. 그렇다면, 앎은 어떻게 얻어지는 것일까? 당연히 배우고 익히는 수밖에 없다. 그래서 공자도 논어論語의 맨 첫 구절에서부터 "학이시습지 불역열호學而時習之 不亦說乎, 배우고 때맞춰 익히면 이 또한 즐겁지 아니한가?"라고 강조하셨을 것 같다.

우리네 삶은 바로 학습과 교육의 연속이라 할 수 있다. 세상에 태어나는 순간부터 엄마 얼굴을 익히고 말하는 법을 배우고 일어나 걷는 법을 배우는 것은 물론, 어떻게 죽음을 맞이할 것인가에 대해서까지도 배워가야 하는 것처럼 우리에게 배움은 일상화되었다.

학교와 직장에서도 항상 배우고 익히고 공부하고 외우고 시험 치르고 평가받으며 살아왔고, 앞으로도 살아가야 한다는 것을 누구도 부인할 수는 없다.

'사람이 세상을 바꾸지만, 사람을 바꾸는 것은 교육'이라는 말과 함께 자주 쓰는 말 중에 '사람이 책을 만들지만, 그 사람은 책이 만든다'라는 말이 있다. 우리 '삶' 속에서 '책'을 빼놓고 '배움'이나 '앎'을 얘기할 수는 없다. 그래서 "책 = 배움 = 앎 = 삶"이란 말도 무리가 아닐 듯싶다. 이제부터 나도 다양한 분야의 책을 읽고 독서 노트를 작성한다거나, 자기 계발 관련 유튜브를 꾸준히 시청해야겠다.

'자기암시'로 유명한 에밀 쿠에는 "나는 날마다 모든 면에서 점점 더 좋아지고 있다."라고 스스로에게 외치라고 한다. 그래서인지는 몰라도, 삶을 주도적으로 사는 사람은 결코 자기 능력이나 지식수준에 만족하지 않는다. 그런 사람은 배움에는 끝이 없음을 인정하고 하나라도 더 알아가고자 한다. 내 주변에도 20년 이상 직장생활을 하면서도 다른 분야의 대학이나 대학원에 진학하여 꾸준히 공부하는 사람들이 여럿 있다. 그런 사람은 뭔가 새로운 것을 배울 수 있다는 것만으로도 가슴이 두근두근 설렌다.

한편, 그런 사람은 두세 가지 더 알기 위한 집착보다는 하나라도 더 알았음에 감사하며 산다. 그런 사람은 남보다 하나 더 안다고 으스대기보다는 내가 배운 것을 남에게 공유하고 가르쳐주는 것에서 즐거움을 찾는 듯하다.

이제 나도 새로운 것을 배우는 것에서 즐거움을 찾고, 남보다 더 많이 안다고 으스대지 말고, 내가 아는 작은 것이라도 남이 필요하다면 남에게 잘 가르쳐 주는 것에서 기쁨을 찾는 삶을 살아가고 싶다. 우선 먼저 퇴직 이전에는 요리학원에 등록하여 한식 중식 양식 코스를 배우겠다. 그리고 웰다잉/웰에이징 교육프로그램을 찾아 강사/지도사 자격증을 취득하겠다. 또한, 영어학습을 계속할 것이며, 전문적 글쓰기 과정을 통해 나만의 이름으로 책도 내보고 싶다. 이런 배움의 과정들만이 '배워서 남 줄 수 있는' 것들이란 확신이 든다.

세상에 없는 것이 세 가지가 있다고 한다. 그것은 바로 '정답이 없다 / 비밀이 없다 / 공짜가 없다' 라고 한다. 돈을 벌고 돈을 모으는 일에도 정답과 비밀과 공짜는 없다고 본다. 복권 등으로 쉽게 일확천금을 거머쥔 벼락부자들의 몰락이 이를 증명하고 있으며, 얼마 전 빌라 원룸 오피스텔 등 1,139채를 소유한 42세 빌라 왕 김모 씨의 죽음이 이를 말해주고 있으며, 최근 '영끌과 빚투로 점철된 20 · 30세대의 고민에 관한 기사들이 또한 '대가 없는 끗발이 없음'을 여실히 보여주고 있다.

50대 중반 중산층인 나는 부채만을 놓고 볼 때, 세 자녀를 키우고 가르치는 과정에서 교육비 등으로 지출한 금액으로 인해, 한국 사회의 평균보다 더 많은 빚을 지고 있는 것 또한 엄연한 사실이기에, 나와 아내의 노후 등 앞날에 대한 불안감은 항상 느끼고 있다.

그러나, 나는 밑도 끝도 없는 소문이나 바람에 휩쓸려서 하는 투기성의 부동산 투자나 주식 투자는 하고 싶지 않다. 그저 현재 가진 것이 만족하며 웃으며 조금씩 저축하고 조금씩 빚을 갚아 나가다 보면, 언젠가는 '끗발 좋은 날'도 오지 않을까 하는 소박한 꿈만 있을 뿐이다.

또한, 나는 돈을 어떻게 가치 있는 일에 사용하냐가 더 중요하다고 본다. 2022년 11월 한 신문에서 34회 아산상 시상식 관련 기사를 보았다. 오동찬54세 국립소록도병원 의료부장은 전남 고흥군 소록도에서 27년간 한센인을 치료한 공로로 의료봉사상을 받았다고 한다. 치과대학 졸업 후 부모님 반대를 무릅쓰고 소록도 공중보건의를 자원한 뒤 27년간 한센인 곁을 떠난 적이 없다는 이 중년의 남자는, 매달 월급에서 50만 원을 떼 600만 원이 모이면 해외 한센병 환자를 찾아간다고 한다. 2005년부터 매년 2~3회 캄보디아 몽골 베트남 필리핀으로 가서 전액 자비 부담으로 온 가족이 함께 진료한다는 것이다. 더욱 더 나를 놀라게 했던 것은, 이번에 받은 상금 2억 원은 이미 가족회의 결정으로 소록도 주민의 여행 경비와 해외 빈민촌을 위해 모두 송금했다는 기사 내용이었다.

"죽을 때 흙으로 돌아간다는데, 덤으로 들어온 돈을 갖고 있으면 욕심만 생긴다. 내가 가질 이유가 없다." 별다른 집이나 부동산도 없고 금융재산도 별로 없이 국립소록도병원 사택에서 네 식구가 살고 있다는 이 50대 중년 의사 선생님의 돈에 관한 이런 명확한 대답이 그저 한없이 존경스러울 뿐이다.

'욕심은 불만을 낳고 부러움은 초라함을 낳는다'라고 한다. 나는 지금 내 또래의 친구들만큼 재정적으로 풍족하거나 금전적으로 여유로운 상황은 아니다. 때론 돈 많은 친구나 재정적으로 여유가 있는 친구들이 부러울 때가 있다. 그러나, 내게 빛나는 금은보석 목걸이가 있다면 더더욱 좋긴 하겠지만, 내 깜냥에는 소박한 진주 목걸이라도 갖고 있음을 행복하게 생각하면서 살고 싶다. 그리고, 나보다 더 어려운 사람들을 생각하며, 작지만 소중한 나눔을 통해 세상의 소금이 되어, 더욱 더 아름다운 삶을 살아가고 싶다. 그리하여, 평소 좋아하는 말인 검이불루儉而不陋, 검소하지만 누추하지 않다의 뜻을 실천하는 삶을 살고 싶다.

# 4. 『일 · 쉼』

일의 전문가로서 흥미/재미/의미를 찾고,
적당한 쉼을 통해 내 삶의 여유를 찾고 싶다

"뛰는 놈 위에 나는 놈, 나는 놈 위에 즐기는 놈"이란 말이 있다.
그렇다면, 즐기는 놈 위엔 누가 있을까? 아마도 '마냥 행복한 놈'이
있지 않을까 싶다. 뭘 하든 행복하다고 느끼는 그런 사람 말이다.
그래서, 행복한 사람은 모든 것을 다 가진 사람이 아니라, '가진 것
을 만족하는 사람' 또는 '하고 싶은 일을 하는 사람'이라고 하는가
보다.

얼마 전 만난 모 선배는 '삼미 인생'을 살고 싶다고 했다. 프로야구
초창기 '삼미 슈퍼스타즈'같이 늘 지는 게임만 하는 인생이냐?'는
내 우문에 그는 이렇게 대답했다. "삼미란 흥미興味, 재미, 의미意味
이다. 즉, 흥미 있는 일을 만나, 재미있게 일하고, 거기에서 의미를
찾는다는 것이야." 실제로도 실행하기가 쉬울 듯 어려울 듯한 이

부정필-어느새 50년? 아니, 아직도 50년!

"삼미 인생"을 나도 한번 꼭 실천해 보려 한다. 그래야만 '끌려가는 삶이 아닌 끌고 가는 삶'이 될 것 같다는 믿음 때문이다.

나는 한 회사에서만 어느덧 29년째 일하고 있다. 비록 근무하는 부서나 사업장이 달라진 적은 있어도, 지금껏 내가 몸담고 있는 조직은 입사 때와 똑 같은 조직이다. 인사 부서를 거쳐 다시 영업부서 경험을 마친 후, 지금은 다시 인사(인사/교육/노사/협력사)와 총무(총무/홍보/구매/통관) 분야를 이끄는 인사총무팀장을 맡고 있다. 나는 나 자신의 직책이나 직무에 맞게 내가 제대로 일하고 있는지 늘 반성해 본다.

또한, 평생직장이란 개념보다는 평생직업이란 개념이 더 강조되는 첨단 21세기에 한 회사에서만 계속 근무하고 있는 것이 잘한 것인가? 또, 한 사람의 직장인으로서 그리고 부서장으로서 내가 어떻게 빨리 일잘러(일을 잘하는 사람)가 되어 인정받을 것인가? 또, 내가 과연 우리 팀원들에게 제대로 영令이 서고 있는가? 또, 나는 어떻게 하면 꼰대 소리 안 들을 것인가? 등의 고민이나 자문을 종종 하게 된다.

'라떼 용어 안 쓰기', '신조어 잘 알아듣기' 등 소소한 트렌드에 익숙해지는 방법도 그 중 하나일 것이다. 그러나 무엇보다도 중요한 것은 '전문가'로서의 '역량'을 갖추는 것이 아닐까 싶다. 즉, 영令이 서는 것도 인정받는 것도 모두가 내 자리에 맞는 권위(권력은 아님)가 서있어야 하며, 이러한 권위權威가 서기 위해서는 제대로 된 '실력(콘텐츠)'과 '신뢰(커뮤니케이션)'가 바탕이 되어야 하기 때문이다. 그래서, 나는 제대로 된 실력(콘텐츠)을 갖추기 위해서 꾸준히 공부하면서, 구성원들과 끊임없는 소통의 기회를 만들어 많은 신뢰를 쌓아가고 싶다.

60년대에 남도의 한 섬에서 가난한 농부의 아들로 태어난 나는 '흰 쌀밥을 배부르게 먹는 것이 소원'인 때가 있었다. 물론, 혼합곡이나 정부미라도 많이 먹을 수만 있으면 만족해야 하는 시절이긴 했었다. 그랬던 내가 뱃살을 넘어 똥배가 너무 나와 걱정하곤 한다. 하여, 배부르게 먹는 것을 두려워할 때가 된 듯하다. 과식과 비만이 만병의 원인이 되고 있는 시대. 이제부턴 위장의 7할 정도만 채우도록 노력해야겠다. 그리고, 그 나머지 3할은 '마음의 양식'을 채워나가도록 힘써야겠다.

'마음의 양식'을 무엇으로 채울 것인가? 아마도 독서, 운동, 산책, 명상, 여행 등과 같이 지친 몸과 맘에 "쉼"을 줄 수 있는 것들을 찾아, 기존 일상을 '멈추고 끄고 내어놓는 것'을 실천해야 할 것이다. '논다Play' 라는 말은 '놓는다' 에서 나왔다고 한다. 세상의 근심 걱정, 욕심과 집착까지도 모두 내려놓아 버리는 것이 '잘 노는 것'이란 의미일 것이다. 그러나, 뭔가를 '내려놓고 버리는 것'이 그리 쉬운 일은 아닐 것이다.

'해우소解憂所', 사찰뿐 아니라 일반에서도 '화장실'의 별명으로 주로 쓰는 말이다. 흔히들 불교에서 "버리는 것이 바로 도道 닦는 것"이란 의미로 맨 처음 사용했다고 한다. 대소변을 보는 일이 대수롭지 않게 여겨질지 모르나 절대로 그렇지 않은 듯하다.

아무리 급한 일이 있어도 마음만은 쉬어 가자고 다짐한다. 대소변을 몸 밖으로 버리듯 번뇌와 망상도 욕심과 집착도 미련 없이 버릴 때는 버리자고 각오를 다진다. 정말 복잡하고 힘들 때 내 맘속의 어지럽고 힘든 것들 다 쏟아 버리고 바람에 날려버리고 물소리에 씻어 버릴 그런 곳을 찾아 떠나야 한다. 그것이 바로 여행이다. 이것이 바로 여가이자 휴식이고 "쉼"이다.

"쉼"은 벽으로 막힌 방안에서 멀리 밖을 볼 수 있는 '창'과 같은 존재이다. "쉼"이 없는 "삶"은 얼마나 답답할 것인가? 나는 한때 일 중독에 빠질 때가 있었던 것 같다. 휴일에 집에서 쉬고 있으면 왠지 불안하고 괴롭기까지 한 적도 있어서, 그냥 회사에 일단 출근해서 이것저것 일을 좀 정리하고 다시 집에 오는 것을 반복했었다. 한참의 세월이 흐른 뒤에야 나는 '일은 삶을 위한 수단'이어야 하며, '휴식 없는 삶은 위험한 질주'와 같다는 것을 겨우 깨달았다.

높은 학업 성적, 직장에서의 승진, 자식의 명문대 진학, 부의 축적 등 각자가 처한 상황에 따라 우리가 생각하는 목표는 모두 다르다. 하지만, 그 목표를 이루겠다면서 우리 자신을 잘 돌보지 않았다는 점에서 우리는 모두 비슷한 것 같다. 식사도, 잠도, 휴식도 참거나 미루면서도 괜찮다, 버틸 수 있다고 여겼다. 그러나 이런 생각은 틀렸다. 그러다가 목표도 못 이루고 몸이 망가지거나 목표를 이룬 후에 몸이 다 망가진들 무슨 소용이 있겠는가? "쉼"만이 답이 될 수 있다고 본다.

문득 20여 년 전에 다니다가 딱 1년여만에 그만두었던 단월드의 명상/뇌호흡을 다시 나가고 싶어졌다. 조용히 나 자신의 호흡에 집중하여 명상하면서, 몸과 마음을 편안히 비우는 방법으로 수련하는 단월드 명상센터를 찾아 새해부터 다시 수련을 시작해야겠다. 이렇게라도 해야, 특히 지난 2년여 동안의 복잡한 회사 일과 잦은 술자리에 힘들고 지친 내 몸과 마음 그리고 영혼까지도 회복될 것 같다.

30여 년 전 한때 우스갯소리로 '몸은 김정구, 마음은 박남정'이란 말이 유행했었다. 몸은 나이를 먹지만 마음은 아직도 이팔청춘이란 뜻이었을 것이다. 실제로 몸엔 나이가 있어도 마음엔 나이가 없다. 그래서, 시인 사무엘 울만은 78세에 쓴 〈청춘〉이란 시에서, 용기와 모험심 등만 있다면 예순 살 노인이 스무 살 청년보다 낫다고 노래했나 보다.

이렇듯 마음엔 나이가 없기에, 우리가 아무리 나이를 먹어도 세상 변화의 트렌드를 따라간다면 세상을 앞서 나갈 수도 있다. 일간신문을 날마다 읽어 본다거나 시사잡지를 구독하다 보면, 복잡한 세상의 트렌드를 한눈에 꿰찰 수가 있다. 유튜브를 통해 최신의 이슈와 정보를 접하는 것도 좋고, 넷플릭스와 같은 OTT 매체를 통해 유명한 영화나 드라마 등을 청취하고 그 정보나 소감을 주변 사람들과 함께 나누는 것도 마음이 늙지 않는 좋은 방법이 될 것이다. 개인적 취미 활동이든, 격렬한 운동을 하든, 가벼운 산책을 하든, 시/시조/소설을 읽거나, 영화나 뮤지컬을 감상하든, 명상에 몰입하거나 여행을 떠나든 이 모든 것들이 다 "쉼"의 시간일 것이다.

이젠 정말 "결심이 아닌 결행"을 해야 할 시기가 되었다. 생각에서 머무는 삶이 아닌, 실천으로 이루어가는 삶을 살아야 한다는 자각을 하게 된다.

내 주변엔 다양한 것들에 호기심을 갖고 그것들에 미쳐서 사는 사람들이 많이 있다. 매주 뮤지컬이나 영화를 보러 가는 뮤지컬/영화 덕후, 매주 산에 올라 1년이면 100회 이상 기록을 수립하는 등산 덕후, 매주 전국의 둘레길/옛길 등을 돌아보거나 전국의 골프장을 순례한 후 블로그에 글을 올리는 둘레길 덕후나 골프 덕후 등이 그렇다.
실제로 취미생활의 범주를 넘어 "인생 2모작"의 소재로 활용해도 전혀 부족함이 없을 경지에 오른 이들이다. "쉼"의 시간을 통해 일거양득의 기회를 잡을 수 있는 멋진 인생들이라 생각한다. 나도 이젠 옆도 보고 뒤도 보고, 친구도 보고 지인도 보고 형제자매도 좀 보고 쉬엄쉬엄 살아가는 법을 알아가고 싶다. 그늘에서 쉬면서 낫을 갈든 도끼를 갈든 해야만, 벼도 나무도 더 잘 베어진다는 것을 나는 너무 늦게 깨달은 듯하다.

# 5. 『몸 · 맘』

## 항상 신체를 건강하게 단련하고,
## 미소로 행복과 감사의 마음을 유지하고 싶다

9988234, 100세 시대를 가장 함축적으로 임팩트 있게 표현한 숫자라 한다. '99세까지 88(팔팔)하게 살다가 23(2~3)일 앓다가 4일째 4망한다'는 뜻이다. 그런데 실제로 99세까지 88하게 살기란 그리 쉬운 일도 아니고 아무도 장담할 수 없다.

흔히들 '몸(건강)이 사라지면 지혜도 직업도 재물도 가정도 사라지게 된다.'라고 한다. 평생을 함께 해온 내 주변의 모든 것들을 지키려면 결국 "몸(신체)" 건강이 최우선이 될 것이다. '운동은 하루를 짧게 하지만, 인생을 길게 할 것이다.'라는 말도 있듯이, "몸"을 건강하게 지키는 가장 손쉬운 방법은 당연히 "적당한 운동"일 것이다. 매일 30분이라도 '걷기'를 실천하고, 하루 두 번씩은 '스쿼트와 플랭크, 푸쉬업'이라도 꼭 해야겠다. 그 다음은 '적당한 수면'을 취하고, '상온의 물과 영양제'를 매일 밥처럼 먹어야겠다. 물론, 음주와 흡연은 가급적 독처럼 경계해야 할 것이다.

단순한 겉모습만으로 그 사람의 건강을 말할 수는 없다. 그 사람의 행동 스타일이나 마음가짐이 좋아야 "몸"이 좋다고 말할 수 있을 것이다. 우리 주변의 남자 독거노인들을 보면, 그의 배우자를 떠나보낸 후 대부분이 2~3년 이내로 세상과 작별하곤 한다. 길면 5년까지 가기도 한다. 남편과 사별한 여성은 곧장 슬픔을 이겨내고 제2의 인생을 맞이한 듯 당당하게 노후를 이어가는 경우가 많은데, 왜 노년 남성은 움츠러들며 비실비실 사라져야 하는가? 남자의 평균수명이나 건강수명이 여성보다 6~7년 뒤처져 있는 것이 그 원인일 수도 있을 것이다. 그러나, 남성들이 자신만이 스타일을 추구하며, 좀 더 자신 있고 적극적인 마음가짐이 있다면 조금은 달라질 거로 생각한다.

다산 정약용의 목민심서 중에 보면, "나이 먹어 귀가 잘 안 들리는 것은 필요 없는 작은 말은 듣지 말고 필요한 큰 말만 들으라는 것. 나이 들어 눈이 침침한 것은 필요 없는 작은 것은 보지 말고 필요한 큰 것만 보라는 것"이라고 나온다.

'좋게 좋게 생각하다 보니 진짜 좋은 날이 왔다.'라는 말도 있다. 나이 들어 몸 상태가 예년 같지 않더라도 그 현실을 받아들이고 좀 더 긍정적인 생각을 한다면, 다시 몸이 더 팔팔해질 수도 있을 것이다. 희망을 볼 수 있는 지혜로운 사람과 함께 있을 때 희망속에서 살아가고, 불행을 예측하는 혜안에 불행을 미리 대처해 피하는 삶을 살 수도 있다고 한다. 몸 건강에 좋은 것들과 나쁜 것들을 미리 가려간다면, 9988-234는 나에게도 현실이 될 수 있다고 본다.

우선 몸 건강을 위해 필수적인 영양제를 먹어야 한다. 〈종합비타민 영양제, 유산균, 오메가3〉는 의사들이 권하는 중년 이후 먹어야 하는 '3대 필수 의약품'이다. 다음은 맘 건강을 위해 필수적인 영양제를 먹어야 한다. "미인대칭, 비비불"이라는 7가지 필수 영양소만 잘 가려서 섭취한다면, 마음은 물론 우리 몸까지도 건강하고 행복해질 수 있다고 본다.

'미인대칭'이란, 미소, 인사, 대화, 칭찬을 의미하며, '비비불'은 비교, 비난, 불만을 의미한다. 미소 지으며 서로 인사하고 대화하고 칭찬하는 삶은 누구에게나 권장할 수 있다. 그러나, 비교가 만병의 근원이란 말도 있듯이, 남과 비교하고 상대를 비난하고 현실에 불만을 느끼는 것은 우리 삶을 좀먹는 요소가 된다. 이는 절대로 피해야 할 맘 건강의 적들이다.

과학자들의 실험에 따르면, 부부싸움을 한 사람에게 약을 올려

신경질 부리게 한 뒤 그들의 침을 모아 검사해 보니, 강한 맹독성 물질이 나왔다고 한다. 그런데, 크게 웃은 뒤 그 사람의 뇌를 조사해 보니, 독성을 중화시키고 암세포도 죽일 수 있는 호르몬이 분비되었다고 한다. 이처럼, "미인대칭 비비불"은 우리 맘을 치유하는 필수 영양제이니, 나는 반드시 언제 어디서나 지니고 다니도록 해야겠다.

# Carpe Diem
## - 지금, 이 순간에 충실하라 -

얼마 전 우연히 내 신입사원 시절의 사원증을 본 딸과 아들이
'이때가 참 멋졌네요. 지금은 아니지만…' 이라고 말했다. 나도
그때가 그립다. 내 생의 봄날, 나의 리즈 시절이 그리운 것이다.
그땐 마냥 푸르를 줄만 알았다.

그러나, 지나간 과거를 그리워한들 무엇 하겠는가? 다가올 미래를
두려워한들 무엇 하겠는가? 이제는 몇 살까지 살아남느냐도 중요
하겠지만, 어떻게 살아가느냐가 더 중요한 시기인 듯하다. 오늘이
바로 내 생에서 가장 젊은 날이기에, 내 최고의 하루는 오늘부터
시작된다는 생각을 하며, 하루하루를 살아가면 된다고 본다. 또,
'어느새 벌써 50년'이란 생각은 버리고, '아직도 무려 50년'이란 희
망으로 오늘을 살아내면 된다고 본다. 그래서 아마 그 유명한 영화

유비백세-有備無患 百歲無難

『죽은 시인의 사회』에서 키팅선생님이 학생들에게 외쳤을 것이다. Carpe Diem!(카르페 디엠, 오늘 지금, 이 순간을 즐기며 현재에 충실하라)이라고.

이제부터 나는 나의 『삶/꿈』, 『집/벗』, 『앎/돈』, 『일/쉼』, 『몸/맘』을 온전하게 유지하며 다가올 '백세시대'를 준비해야 한다.
그러기 위해서 나는, '지나온 날에 감사, 다가올 날에 희망, 지금 오늘에 충실' 이 세 가지 구호를 가슴에 새기며, '긍정적 사고, 절제된 음식, 규칙적 운동' 이 세 가지 원칙을 실천하며, 〈Carpe Diem〉 하겠노라 다짐해 본다.

# 황운연
## 나들목, 그 경계를 넘어

자연 인문 여행작가. 평생을 영어교육과 언어연구에 힘썼다. 현재, 섬진강을 따라 걸으며 《강과 생명》을 집필 중. '자연과 생명'을 평생의 화두로 삼고 살아간다. 대한민국 산ㆍ내ㆍ들이 그의 구도처(求道處)다. 구름, 바람, 풀꽃, 새, 풀벌레, 나무…. 그들이 선재(善財)의 대상이다. 눈과 귀를 열고 천천히 걸으면, 자연은 천천히, 아주 조금씩 다가온다. 마음을 내려놓아야 비로소 보이는 것들이다. 비우는 만큼 가슴에 깃드는 벗들, 그들에게 감사와 설렘으로 하루를 기다리고 또 보낸다. 평생의 동행인으로 아내가 함께 걷고 있다. 저서로는 《풀꽃샘》(2022), 《걸으며 생각하며》(2020/비매품), 《한양도성에서 낙안읍성까지》(2019/비매품), 《자연과 세월에서 엮어낸 삶》(2018/비매품), 《둘레길 기행 수필집》(2017/비매품)이 있다.

유비백세-有備無患 百歲無難

## '잃어버린 자아'를 찾아

중년을 향한 관심이 뜨겁다.

경제 성장에 치중했던 20세기 말(1970년대~1990년대)을 떠올리면

격세지감이다. 그 당시 청춘들은 이제 은퇴를 앞두거나 넘어섰다.

불확실한 미래가 어쩐지 불안하고 염려스럽다.

어떻게 살아야 하나?

노후 대비와 삶의 질 향상······.

중년을 위한 행복 지침서는 서점가와 인터넷에 차고 넘친다.

이 글 역시 중년을 다룬다. 하지만,

'이렇게 대비하라!'라고 직격 조언하지 않는다.

대신, 주인공 '이주성'을 등장시킨다.

그는 중년기 은퇴를 기점으로 혼란에 빠진다.

생의 변곡점에서 겪는 방황······.

그 방황의 끝에서 '잃어버린 자아'를 만난다.

이 글을 읽는 독자라면, 주인공이 되어 중년을 고민하고 방황해보시라.

'나는 행동하는 중년이다!'라고 당당하게 외쳐 보시라.

삶은 주어지는 게 아니다. 찾아가는 거다. 행동하는 거다.

\* 이 글은 등장인물만 가상일 뿐, 이야기 속 내용은 모두 사실에 근거했다.
일종의 팩션(faction) 기법으로 서술했다.

# 프롤로그

56세, 이주성[1] 李柱成.

중견기업 부장이다. 아니 부장이었다. 한 달 전 퇴직했으니까.

그는 요즘 혼란스럽다. 주변이 모두 바뀌었다.

사실은 모두가 그대로인데 자신의 처지가 달라졌다 해야 옳다.

처음 희망퇴직을 신청할 때만 해도 당장은 홀가분했다.

"앞으로 모든 일을 내 마음대로 할 수 있다. 더 이상 위아래 눈치 보며 살 필요가 없어. 그뿐이야? 실적에 따른 중압감도 사라졌어. 그래! 난 자유다! 잠도 실컷 잘 수 있다. 마음이 내키면 어디든 여행도 갈 수 있잖아? 아! 정말 꿈만 같다."

---

[1] 이주성(李柱成) : 가명(假名). 이 글의 주인공이다. '이주성'의 눈을 통해 은퇴의 경계에 선 중년의 삶을 조명하였다.

그러던 그에게 날이 가면서 차츰 회의가 밀려오기 시작했다.

쉬고 여행하는 게 언제까지나 일상이 될 수는 없었다.

퇴직 후에 한 달이 지나자 뭔가를 해야 한다는 압박감이 밀려왔다.

"이제 하루하루를 어떻게 꾸려 나가지?"

이 질문은 앞날에 대한 이 부장의 불안감 표출이기도 했다.

과연 이 부장은 새로운 일상을 찾아갈까?

# 1. 혼돈

## 혼돈, 그리고 비움

이 부장은 대한민국의 전형적인 남편이자 아버지요, 회사원으로 살아왔다.

직장생활을 하기 전, 10대~20대에 학창 시절을 보냈다.

30대에 들어서 가정을 꾸렸다. 부모님과 은행의 도움으로 집을 마련하고 아이도 둘 낳았다. 회사의 지원도 탄탄해서 큰 어려움 없이 지냈다.

40대에는 자식이 자라는 모습을 보면서 부지런히 살았다. 전문성을 높이기 위해 연수를 찾아다녔다. 회사의 이익 창출을 위해 참신한 아이디어 공모에도 적극적이었다. 자신을 믿고 의지하는 가족을 생각하면 더욱 힘이 났다. 인정도 받고 승진하면서 주위의 부러움도 샀다.

50대에 들어서자 사회·경제적으로 여유가 생기기 시작했고 자식도 성장하였다.

지금은 두 자식 모두 대학을 졸업하고 사회 초년생으로 취업을 준비하고 있다.

그 모든 버팀목이 30년 가까운 자신의 직장생활 덕분이라고 생각하니 뿌듯했다. 하지만, 세계적인 경제 불황이 닥치면서 수출입에 크게 의존하는 회사도 어려움에 직면했다.

이 부장은 고민 끝에 희망퇴직을 신청했다. 그동안 저축한 돈과 퇴직금을 합해 시골에 전원주택을 짓고 숙박업을 겸하기로 아내와 약속하였다. 한편으로 '차라리 잘 되었다!' 자신을 위로했다. 그런데도 가슴 한구석에서 밀려오는 허전함이 컸다. 회사를 떠나는 해방감에 뒤이어 혼돈이 꼬리를 문 것이다.

그러던 중 어느 날 선배로부터 소식 한 통이 날아들었다.

"실버타운으로 가기로 했네.

이삿날이 정해진 뒤부터 짐 정리를 시작했네.

이사 갈 집의 크기가 지금의 반도 안 되니 물건 대부분을 처분해야 했지. 모두 나름대로 사연과 인연이 있는 물건들이야. 아쉽고 안타까운 마음이 컸지만 버려야 했어. 얻기도 버리기도 쉽지 않네."

평소 여행을 즐기는 선배. 그가 선택한 정착지는 동해의 실버타운이었다.

자신과 인연을 맺었던 것들과의 이별! 그것이 비움의 시작이었다.

순간, 번뜩 무엇인가가 이 부장의 머리를 스치고 지나갔다.

그가 바쁘게 달려 온 무수한 시간 속 땀과 경험. 그 또한 수많은 사연과 인연을 거치지 않았던가! 그 이력이 차곡차곡 쌓여 가정과 회사를 일군 힘이 되었다. 그런데 지금은? 회사도 더 이상 자신을 찾지 않았다. 자식들은 장성하여 독립을 목전에 두고 있다.

순간, 이 부장은 자신도 모르게 움찔했다. 지금 자신의 처지가 동해로 떠난 선배의 말과 묘하게 겹쳐왔기 때문이다.

'선배가 비우기로 한 것은 단순히 과거의 소유물이었을까? 아니다. 그가 실버타운으로 이사함은 아내의 해방을 의미했다. 그곳에선 식사가 매 끼니 제공되니까. 아내가 주방으로부터 자유로움은 곧 선배 자신의 자유이기도 하다.'

비움으로써 얻은 자유!. 그것은 '이제 나의 바람대로 살겠다!'라는 메시지이기도 했다.

거기까지 생각이 이르자 이 부장을 허전케 하던 그 무엇이 확 다가왔다.

'나의 부재不在'!


이 부장은 며칠을 방바닥에 뒹굴며 자신을 돌아보았다.

직장에 충실하고 가정을 건사하기에 하루하루가 바빴다. 그뿐이랴! 폭넓은 인간관계와 사회생활을 통해 성장했던 나날이었지 않은가? 그것만으로도 반은 성공한 인생이라고 자신을 위로했다. 은퇴 무렵 직장 후배들과 가족으로부터 받은 격려 또한 그랬다.

"그래. 그동안 고생했어. 가정과 사회에서 나의 본분을 훌륭히 수행했잖아!"라고 자위하기도 하면서…

"그런데 여기에 있는 지금의 '나'는 무엇이지?"

이 부장은 몸을 일으켜 거울 속 자신을 보며 물었다. 선배의 비움이 다시 떠올랐다.

불쑥불쑥 반동(反動)이 일어났다. 자신을 채웠던 수많은 과거의 편린(片鱗)들이 요동쳤다.

'나'를 찾아 나설 때가 온 것이다. 비움으로써 찾아오는 '나'. 깨달음이다.


## '나'의 정체(正體) 찾기


"나는 누구인가?"

10대 중반 사춘기에 자신에게 물었던 그 물음이 아닌가!

부모의 그늘에서 막 벗어나기 시작할 무렵 흔들리는 자신에게 던졌던 질문이다.

"그런데 그 의문이 왜 하필 지금 또…?

50대 중반을 넘어선 지금, 다시 사춘기가 오는가?"

이 부장은 아내에게 양해를 구하고 혼자 여행을 떠나기로 했다.

몸이 떠나는 여행이지만 정작 마음을 주체하기 위함이다.

채우고 또 채웠던 과거를 정리하는 여행이기도 했다.

비움으로의 여행, '나'를 찾아가는 여행이다!

채움이 사회와 가정에서 비롯된 일련의 과정이었다면,

비움은 순전히 '나'의 주도하에 진행될 것이다.

* * * * * * *

을씨년스러운 오후.

자신의 심정을 대변해주기라도 하는 듯하다.

논둑길 옆으로 황금 들판이 끝없이 이어졌다.

이미 가을이 짙어졌다. 스산한 바람에 논벼가 살랑인다.

누런 벼 이삭은 이미 탐스럽게 영글어 고개를 숙일 만큼 숙였다.

이 부장은 걸음을 멈추고 주변 풍경을 바라본다.

삶의 과정이 계절과 참 많이 닮았다는 생각이다.

만물이 소생하여 생동하는 봄. 그건 청소년기다.

푸릇함이 여리면서도 신선하다.

그 풋풋함이 세월을 먹고 천지에 성성해지면 어느덧 여름이다.

청년기이다.

그렇다면 가을은?

뜨거운 햇살과 풍파를 겪으면서도 기어코 결실을 얻는다.

가을이다. 제2의 탄생을 예고한다.

결실과 탄생! 중년이다. 열매를 맺고 다시 태어나는 중년이다.

중년기는 가을을 닮았다.

제1의 탄생이 물리적 출생이라면

제2의 탄생은 정신적 태어남이다.

'나'의 정체正體를 일으키는 깨어남이다.

'나'를 인식하고, '나'로 행동하는 깨어남이다.

그동안 이 부장은 행동 하나하나에 남을 지나치게 의식했다.

가족을 건사하고 회사의 이익을 대변하는 가치 규범에 따라 살았다. 가족과 사회의 일원으로서 역할과 의무에 충실했다. 필요하다면 언제든지 자신의 욕망은 최대한 억제했다. 그 속에 '나'를 숨기고 억압했다. 그것은 사회가 설정한 가치와 이념에 의해 움직이는 '관념적 나'였지 않은가? 물론 자신의 모든 과거를 부정하는 것은 아니다. 과거 자기 행동과 실천이 사회적 동기에서 비롯됨을 말함이다.

이제는 달라져야 한다. 다시 깨어나야 한다. '지금 여기에서 원하는 일을 실천하고 행동하는 나'로 살고 싶다. 그가 '실존적 나', '去彼取此거피취차2)'를 이름이다.

---

2) 去彼取此(거피취차) : '저것을 버리고 이것을 취하라.'라는 의미. '저것'은 국가와 사회가 설정한 이념이나 이상이고, '이것'은 구체적이고 개별적으로 행동하는 '나'를 일컬음이다 [노자『도덕경』]. '실존적 자아'와 유사한 개념으로 보면 된다.

# 2. 나들목, 경계에 서서

이 부장은 혼란스러웠던 마음이 다소 진정되었다.

'실존적 나'라는 윤곽이 드러난 덕분이다.

지금 여기에 선 나의 의미와 가치 찾기 명분이 명확해졌다.

이 부장은 먼저 중년의 정체正體를 밝혀야겠다고 마음먹었다. 자신이 중년기 한가운데 서 있기 때문이다.

중년기?

여행에서 돌아온 이 부장은 마을 도서관을 찾았다.

중년기의 전모全貌를 밝혀 줄 안내자가 거기에 있으리라. 행복한 중년을 위해 우선 중년기의 개념 정립이 필요했다. 특히 중년의 삶을 얼마나 유지할 수 있을지 알아보는 과정은 중요하다.

먼저, 중년의 의미가 언제부터 본격적으로 부각 되었는지 살펴보았다.

세계보건기구에 의하면, 1950년대까지 전 세계 인구의 기대 수명은 남녀 평균 40대 중반에 머물렀다. 25년이 흐른 1975년에 들어서야 50대 후반에 이르렀다. 그러니까 1970년대 중반까지는 중·노년의 의미가 크게 드러나지 않은 시대였다. 은퇴 후 삶은 대체로 뻔했다. 소일하면서 손주를 돌보거나 소소한 여가를 즐기는 정도였다.

그런데 현재 상황은 어떠한가?

1970년대부터 현재에 이르기까지 우리나라의 기대 수명은 급격히 증가하였다. 2000년에 들어서면서 남녀 모두 70세를 훌쩍 넘었다. 2010년에 남녀 평균 기대 수명이 80.2세가 되었다.[3] OECD 평균 기대 수명이 79.3세인 점을 고려하면 그 증가율이 두드러진다. 이미 10여 년 전에 우리의 평균 기대 수명이 80세를 넘어섰다는 것은 은퇴 후 30년 가까이 더 산다는 의미가 아닌가?

이 부장은 반문反問하지 않을 수 없었다.

"그 긴 기간이 단지 '소소한 여가'로 채워질 일인가?"

중년에 관련된 책은 예상 밖에 많았다.

최근 중년을 향한 관심을 반영한다. 이는 길어진 기대 수명과 맞물린다. 기대 수명에서 괄목할 점은 60세 이상의 연령층 증가이다.

---

3) 2021년 통계청 자료.

2022년 현재, 60세 이상의 인구 비중은 전체의 43.4%를 넘었다.[4] 베이비 붐 세대가 모두 60대에 들어선 시점과 일치한다. 기대 수명도 남녀 모두 80세를 훌쩍 넘어섰다. 곧 100세 시대가 도래한다는 소리가 여기저기서 들리지 않는가!

전 국민의 40% 이상이 60세 이상인 사회. 이들을 모두 '노년층'으로 분류할 수 있는가? 그러기엔 여전히 그들은 건강하고 사회활동이 가능하다. 더구나 급격한 고령화 현상은 사회적으로도 부담이다. 젊은이의 부담이 크게 가중된다. 건강한 사회를 위해 중년에 대한 시각이 재조명되어야 한다. 무엇보다도 이 부장이 직면한 절실한 문제이기도 하다.

100세 시대! 은퇴를 하고도 40여 년을 더 산다!
이 부장은 창가에 기대어 곰곰이 자신을 돌아보았다.
'나이가 들어가며 노화는 쉼 없이 진행된다. 그건 역행할 수 없는 자연의 섭리다. 요즘 전립선 비대증으로 한밤중에도 깨어난다. 불편하다. 그뿐이 아니다. 10년 가까이 고혈압으로 약을 먹는다. 유산소 능력의 저하로 혈압이 증가한 탓이다. 젊은 시절에 비해 근육도 감소한다. 80대가 되면 20대보다 근육량이 30% 감소한다고 하지 않는가! 이 모든 일련의 현상은 늙어간다는 걸 입증해주고 있다. 그럼 이런 노화 현상은 곧 삶이 퇴화한다는 의미일까?'
"아니다! 그건 아니다!"

---

[4] 2022년 통계청 자료.

이 부장은 머리를 도리질하며 용수철 튕기듯 몸을 일으켰다. '퇴화'라는 뱀이 자기 목을 조이는 상상을 했기 때문이다.

"주변을 보면 은퇴 후에도 건강한 삶을 누리고 있지 않은가? 당장 동해로 떠난 선배를 보더라도 60대 중반을 넘었다. 그는 캠핑카를 사서 아내와 함께 전국을 누비며 즐기고 있다. 지금은 떠나 있지만, 나의 고향, 청양의 어르신[5] 중 상당수는 여전히 농사를 지으며 자신들의 소임을 다하고 있다. 그들은 '늙으면 삶이 퇴화한다.'라는 말에 동의할까?"

이 부장은 다소 진정된 마음으로 중년을 되짚었다. 중년은 청년에서 노년으로 넘어가는 단순한 과도기가 아니다.

'중년(中年)'이란 삶의 중간이다. 현재의 기대 수명 80세를 평생의 삶으로 본다면 40세가 그 중간이다. 삶의 한 가운데이자 전성기가 아닌가!

그럼 중년은 40세에 시작하여 언제까지 지속될 수 있을까? 먼저, 우리나라 40대 남녀의 삶을 들여다보자. 어떤 공통점이 있는가? 그 공통점을 찾아 중년의 개념을 정립하고 중년기를 설정해보자. 그에 따라 삶의 태도와 의지가 크게 영향을 받을 것이다.

40대는,

      – 일정한 직업이 있다.

      – 삶의 기본 요건, 즉 돈과 건강을 갖추고 있다.

---

5) 청양의 어르신: 통계청 자료에 의하면 2019년 현재 청양군의 인구 중 70세 이상이 25%를 넘어섰다.

– 사회적 유대와 인간관계를 유지한다.

 – 취미 등을 통해 문화생활을 한다.

종합해보면, 40대는 기본적으로 건강을 유지하며 안정적 자산 관리를 하고 있다. 사회·경제적 유대 관계를 맺으며 의욕과 성취감을 키운다. 비교적 안정된 신분과 지위를 유지하며 계속된 성장이 기대된다. 자아실현을 향해 나아가는 시기이기도 하다. 가정과 사회에서 자신의 토대를 새롭게 구축해 나가야 하는 불안정한 청년기와는 비교된다. 이러한 40대의 특징은 50대에 이르러 더욱 성장하고 확장된다.


문제는 '60대와 70대[6]도 이런 중년의 속성을 이어갈 수 있을까?'에 대한 논의다. 그럴 수도 아닐 수도 있다. '은퇴'가 가로 놓여 있기 때문이다. 이 시점이 인생의 변곡점이 될 수 있다. 이 부장은 그 경계의 중요성을 실감한다.

4, 50대와 6, 70대. 과연 6, 70대도 중년의 연장선에 있는가?

은퇴를 경계로 4, 50대를 전반기, 6, 70대를 후반기로 놓고 얘기해보자. 어떤 차이가 있을까? 신체와 정신, 일과 취향, 인간관계, 그리고 자아실현 면에서 살펴보았다. 중년을 주제로 한 문헌, 인터넷 자료, 그리고 주변의 경험담을 토대로 하였다.

---

6) 70대 : 중년을 70대까지 설정하고 논의한 것은, 현재 이 부장 주변에 70대 연령층 대부분이 활발한 사회활동을 이어가고 있기 때문이다. 60대를 건강하게 보낸 사람들은 70대도 그 삶을 이어간다.

## ▷ 신체와 정신

4, 50대는 신체의 일부, 즉 시력, 근력, 순발력 등이 청년기에 비해 다소 떨어진다. 하지만 노화의 징조가 뚜렷하지는 않다. 경제·사회적 기반이 탄탄해짐에 따라 내면적 성장을 꾀하려 한다.

6, 70대는 노화가 가시적으로 진행된다. 장기, 혈관, 근력, 지각 등 신체의 활력이 떨어진다. 자칫 건강 약화로 자신감을 잃을 수 있다. 하지만 풍부한 경험과 지혜를 바탕으로 절제력이 높다. 개인차가 있긴 하지만, 강한 정신력이 허약한 신체를 보완하며 활동성을 유지한다.

## ▷ 일과 취향

4, 50대는 가족을 지탱하기 위해 일정한 직업을 갖고 사회생활을 한다. 자신의 의무와 역할을 다하는 데 힘쓴다. 자신의 취향보다는 돈, 명예, 승진 등 경제·사회적 가치에 쏠린다.

6, 70대는 자신의 관심 분야와 취향을 살려 일을 찾는다. 일을 통해 성취감을 찾고 더욱 높은 경지의 자아실현을 찾는다.

## ▷ 인간관계

4, 50대는 주로 직업과 관련된 이해로 인간관계를 맺는다. 연수, 세미나, 동호회 등의 모임을 통하여 폭넓은 관계망을 펼쳐나간다.

6, 70대는 사회적 이해관계에서 한발 물러나 개인적인 일과 취향에 따라 관계망을 형성한다. 한 번 맺은 관계는 평생 이어간다.

폭넓은 관계보다 심도 있는 공감을 원한다.

▷ 자아실현

4, 50대의 사회생활은 자신의 업무 영역에 관련된 이해관계에서 비롯된다. 본인의 의지와 취향보다는 사회와 국가의 가치와 이념에 충실하다.

반면, 6, 70대는 은퇴를 경계로 '실존적 나'에 눈을 뜬다. '지금 여기'에서 '자신이 욕망하는 일'을 추구한다. 구체적 일상에서 실존적 자아를 실천하고 행동하는 시기이다. 하고 싶은 일을 의지대로 평생을 이어가고자 한다.

이를 일목요연하게 표로 정리해보았다.

〈표〉 4, 50대와 6, 70대의 특징[7]

| 항목 \ 구분 | 전반기(4, 50대) 특징 | 후반기(6, 70대) 특징 |
|---|---|---|
| 신체와 정신 | · 신체 건강지수 대체로 유지<br>· 심신(心身) 안정성 유지<br>· 건강 관리 및 절제력 - 양호 | · 노화 진행으로 신체 건강지수 떨어짐<br>· 경륜과 지혜로 건강 유지<br>· 건강 관리 및 절제력 - 높음 |
| 일과 취향 | · 상관성 - 보통<br>· 일이 경제적 문제[돈]와 직결됨<br>· 의무감으로 일하는 경향이 있음 | · 상관성 - 높음<br>· 개인의 취향에 의해 일이 결정됨<br>· 일을 통해 자아 성취감을 얻음 |
| 인간관계 | · 관계망 - 넓음<br>· 업무와 이해관계로 관계망이 형성됨 | · 관계망 - 보통<br>· 개인의 가치관에 따라 관계망 유지 |
| 자아실현 의지 | · 보통.<br>· 가족과 사회의 가치에 무게를 둠 | · 높음<br>· 개인의 욕망과 자유 의지를 중시함 |

7) 4, 50대와 6, 70대의 특징 비교는 중년기와 노년기에 나타나는 일반적 현상을 보여준다. 참고로 우리나라 「노인복지법」에 따르면, '노인은 65세 이상인 자'이다.

6, 70대는 노련한 경험과 절제력으로 심신(心身)의 조화를 꾀한다. 강한 정신력으로 신체적 약점을 보완하고 이끌어 간다. 청년기의 건강한 몸에 건전한 정신이 깃든다면, 중년기엔 강한 정신력으로 부족한 몸을 이끌어 조화를 꾀한다.

6, 70대는 한 걸음 더 나아가 자아 성찰에 힘쓴다. 경제·사회적 이유로 일과 인간관계를 경험한 4, 50대. 그 경륜과 지혜를 바탕으로 실존적 자아가 확장된다. 의료 기술의 향상, 풍부한 영양 섭취, 적절한 심신의 단련 등으로 확장된 자아를 뒷받침한다.

이 부장은 자못 흥분을 감추지 못했다. 6, 70대에 '실존적 자아'가 뚜렷하게 드러났기 때문이다. 그들은 더 이상 직장과 사회가 부여한 집단 논리에 얽매이지 않는다. 개인이 꿈꾸고 실현코자 했던 욕구를 마음껏 행동으로 옮긴다. 삶의 어느 시기보다 만족도가 높다. 물론, 돈과 건강은 선결 조건이다.

이렇게 본다면 전반기(4, 50대)에 이어 후반기(6, 70대)도 정신적 성장은 계속된다.[8] 6, 70대 역시 인간의 발달단계에서 '확장된 중년기', 혹은 '후반 중년'으로 보아야 하는 이유다.

은퇴로 비롯된 나들목의 경계. 이 부장의 시작은 혼란스러웠지만, 이제는 엉킨 실타래를 풀어 간다. 은퇴는 사회가 부여한 물리적 경계일 뿐이다. 이 부장 자신은 '실존적 나'를 일상에서 구현하기

---

8) 후반기(6, 70대)도 정신적 성장은 계속된다 : 1960~1970년대에 나온 대부분의 인간 발달 이론[Erickson의 심리·사회적 발달이론 등]은 아동·청소년기에 초점이 맞춰져 있다. 따라서 현재는 100세 시대에 맞게 중년기의 정신적 성장과 자아실현 욕구를 재조명할 필요가 있다.

위해 자신이 하고 싶은 일을 하나하나씩 실천해나가리라 마음먹었다. 물론 노화의 진행으로 신체적 불편함 또한 늘어나겠지만, 그 또한 곁에 두고 적응해 갈 일이다.

## 행복한 중년을 찾아

이 부장은 행복한 중년을 향한 궁리를 멈추지 않았다.
'중년을 이론적으로 정립했다 해서 행복이 찾아오는가? 아니다. 행동하는 중년이어야 한다. 중년의 행복 요건을 되짚어보자!'
은퇴 전후 노후 준비를 위한 전문가들의 조언은 대체로 엇비슷했다. 돈, 건강, 인간관계, 그리고 취미 생활을 갖춘 행복 지침서였다. 행복한 중년을 위해 그 무엇 하나도 소홀히 다룰 수 없는 필수 요건들이다.

## 1) 돈과 건강

아무리 강조해도 지나치지 않다.
그것 없이는 행복한 인생을 꿈꾸기 어렵다.
그런 만큼 수많은 전문가가 앞다투어 조언을 아끼지 않았다.

□ 자산 관리에 관련된 금융전문가들의 공통된 조언

**- 자산은 유동성, 안정성, 그리고 수익성을 고려하여 관리하라.**

**- 삼중 연금 안전장치(국민연금, 퇴직연금, 개인연금)를 갖추어라.**

□ 건강 관리에 관련된 의사들의 공통된 조언

- 긍정적으로 생각하라.

- 질병을 예방하기 위해 식습관을 개선하라.
- 유산소 운동으로 심혈관 질환을 예방하라.
- 근육량 유지는 필수다. 단백질을 섭취하고 근육 운동을 꾸준히 하라.

나머지는, 각자 처지에 따라 부족한 부분을 찾아 자산과 건강 리모델링을 진행하면 될 일이다.

## 2) 인간관계와 취미 생활

개인의 성향과 특성에 따라 편차가 크다. 외향적인 사람과 내성적인 사람의 취향이 같을 수 없다. 개별적으로도 결이 다르다. 하지만 보편적으로 폭넓은 인간관계가 나쁠 건 없다. 다양한 취미 생활을 통해 관계의 즐거움을 나누고 기쁨을 얻는 건 유쾌한 경험이다. 그렇긴 하지만, 지난날에는 직장을 중심으로 인간관계가 형성되었다. 그리고 여가를 활용해 취미를 즐겼다. 당연히 직업과 관련된 이해관계가 여기저기 얽혀 있었다. 연수, 세미나, 동호회 등에서 맺었던 선·후배도 많았다. 좋건 싫건 분위기를 맞추고 시간을 함께 보냈다.

은퇴 후 상황은 다르다. 직장과 사회의 이해관계를 떠난다. '자신이 진정으로 무엇을 하고 싶은가?'라고 진지하게 물을 때다. 이렇게 생각하니 그동안 맺어온 동호회나 모임을 일부 정리해야겠다는 생각이 든다. 이 부장은 평소 번잡하고 의무적인 관계를 싫어했다. 이 부분은 중요하고 민감한 영역이어서 대학 선배의 조언을 구하기로 했다.

선배는 5년 전에 은퇴하여 서울 근교에서 전원생활을 한다. 프리랜서로 강의와 글쓰기가 그의 일상이다. 그의 답변은 명료했다.

"은퇴하면 직장을 떠난다. 직장의 이해관계에서 비롯된 모임은 떠나는 것이 원칙이다. 직장의 상하 관계로 맺어진 모임이 대표적이다. 그러나 취미나 성향이 비슷한 사람들로 구성된 모임이라면 굳이 떠날 필요 없다. 그 모임이 서로를 배려해주는 소수의 모임인 경우는 오히려 잘 키워갈 일이다."

가족 말고 자신의 고민거리를 의논할 수 있는 친구와 지인은 꼭 필요하다. 서로를 배려하며 공감하는 삶의 동행자라면 정성껏 관계를 유지해나갈 일이다. 갈등하던 이 부장이 지금 선배를 찾은 것처럼 말이다.

'직장을 떠난 이상, 이해관계로 만난 모임은 정리하되, 정서적 관계로 만난 모임은 키워가자!' 이 부장이 내린 결론이다.

지금까지 행복한 중년의 요건을 챙겨보았다.

그런데도 뭔가 빠졌다고 생각했다. 은퇴 후 혼란 속에서 다녀온 여행. 거기에서 '나의 부재'를 보지 않았던가? 돈, 건강, 인간관계, 그리고 취미 생활 등이 갖춰졌다 하더라도 '나의 부재'가 여전하다면 공허하다. 물리적으로 풍족하더라도 정서적 기복이 있기 마련이다. 정상적인 사회생활을 하면서 건강을 챙겨도 노화는 계속되고 정신적 어려움이 수시로 닥친다. 어느 순간 의기소침해지고 덜컥 우울증이 찾아올지도 모른다.

이 부장은 잠시 생각을 가다듬었다. 앞서 6, 70대를 '후반 중년'으로 설정한 기억을 되살렸다. 6, 70대 삶은 자유롭다. 자신이 원해서 선택하고 성취해가는 삶이 가능해졌기 때문이다. 그러기에 '후반 중년'의 발견은 위대하다. 그 '후반 중년'을 견고하게 다지려면……? 대학 선배의 조언이 이어졌다.

"사람은 누구나 감정 기복이 있게 마련이네. 문제는 그 기복을 잘 제어할 수 있는 방어기제를 갖추고 있느냐에 달려 있네. 예컨대 부부라도 생각이 다를 수 있고 오해를 낳기도 하지. 친밀한 친구라도 갈등이 생기기 마련이지. 그러면 이내 관계가 소원해지거든. 이때 자칫하면 자신이 흔들릴 수도 있단 말이야. 그러나 평소에 지속해서 자아 성취감을 맛보는 '어떤 일'이 있다면 이런 파고에 쉽사리 흔들리지 않겠지? 일희일비하지 않고, 자신을 굳게 붙들어 줄 '그 무엇'을 갖추어야 한단 말일세. 나는 이를 '밑짐[9]'에 비유해서 말하고 싶네. 세상이라는 바다를 지혜롭게 헤쳐나가는 인생의 밑짐 말일세."

선배와 헤어지고 집으로 돌아오면서, 선배가 말하는 '밑짐'에 대하여 깊이 생각해보았다. 세상의 풍파에 흔들리지 않고 자기중심을 바로 하라는 '인생의 밑짐' …. 선배의 조언은 중년의 핵심부를 겨냥한 일침이다.

그래! '자아 발견'은 곧 '나의 밑짐'을 찾는 일이다! '나의 밑짐'을 갖출 때 비로소 은퇴 후 행복한 중년이 이어진다.

---

9) 밑짐 : 배가 바람에 흔들리지 않도록 일부러 배 밑에 실어두는 짐. 밑짐의 무게로 배가 출발할 땐 조금은 더디어도 풍랑에 흔들리지 않고 항해할 수 있다. 현대는 '선박평형수'를 이용한다.

# 3. 자연에서 '나'를 찾다

자신의 '밑짐'을 삼을 '어떤 일'.

꼭 하고 싶었지만 접었던 일이다.

가정과 사회가 부여한 삶의 무게로 미뤄두었던 일이다.

그 일은 누가 시키지 않아도 마음이 먼저 가고 몸이 따라간다.

그러니 그 일을 접하기에 어려울 것 하나도 없다.

하지만 조건이 있다. '어떤 일'이 일시적이면 '밑짐'이 될 수 없다.

적어도 '밑짐'이라면 그가 어디를 가더라도 중심을 잡아줄 든든한 친구가 되어야 하니까. 하루 이틀 잠깐 경험해보고 말 일이 아니다. 남은 평생 동행할 일이다.

'밑짐이 자리 잡으려면 관심과 정성을 다해야겠지? 그러다 보면 하루하루 깊이와 안목을 더해갈 거야. 성장을 거듭하여 단단한 지주대가 된다.'

'밑짐'에 골똘하던 이 부장은 피~익 웃었다. '지주대支柱臺'에 자신의 이름, '주성柱成'이 겹쳤기 때문이다. 새삼 자신의 이름이 썩 잘 어울린다는 생각이 들었다.

그러기를 잠시, 또 한 이름이 머리를 스쳤다.

김학수金學洙!

회사 동료였던 절친 ….

왜 그가 이 시점에 불현듯 떠올랐을까?

그 또한 50대 후반까지 직장과 사회생활로 정신없이 보냈다. 그러던 그가 1년 전부터 풍경화에 빠졌다. 풍경화를 마음에 그리기만 해도 행복하단다. 은퇴 후 달라진 모습이다. 자연을 풍경화에 담기 위해 여행도 자주 떠난다. 지난해는 강과 나무를 그렸다. 올해는 바람이 부는 들판을 그린다.

며칠 전 만난 그가 말했다.

"너른 들에서 바람의 형상을 좇는 나를 새삼 느껴. 자연 철학자라도 된 기분이야."

바람의 아들이 된 듯 몽롱한 그의 표정이 눈앞에 어른거린다.

기억이 거기까지 이르자, 이 부장은 자기도 모르게 무릎을 탁 쳤다.

"그래! 이것이야! 김학수의 여행은 한순간의 경험으로 끝나지 않았어! 일련의 여행을 통해 '일'로 확장했잖아! 여행에서 자연을 접하고 풍경화에 연계시켰어. 여행 → 자연 → 풍경화로 이어지는 과정이지. 거기에서 자신의 존재를 찾았던 거야!"

단순한 취미 활동은 일시적일 수 있다. 예컨대 여행이건 문화 체험이건 순간의 경험이 지나면 잊히기도 한다. 그러나 여기에 일관된 주제를 정하고 그에 따라 여행과 문화 체험을 즐긴다면 얘기는 달라진다. 그 경험은 강물처럼 이어져 이야기를 만들어낸다. 김학수는 자연이 풀어내는 이야기를 간과하지 않았다.

순간, 이 부장은 전신에 팽팽한 긴장감이 느껴졌다.

마침내 자신이 취할 '밑짐'이 형체를 드러내었다!

그는 평소에 독서와 글쓰기를 좋아했다.

학창 시절에도 백일장에서 곧잘 우수상을 타곤 했다. 회사에 입사한 후에도 사보에 자주 글을 올려 동료들의 부러움을 사지 않았던가!

"글쓰기다! 글쓰기를 여행과 연결하는 거야! 여행은 도보로 하자. 천천히 걸으며 자연이 들려주는 이야기를 담자. 자연은 그 자체로도 늘 새롭고 경이롭잖아? 끊임없는 생명의 순환을 통해 순간의 아름다움을 여과 없이 보여주는 자연. 거기에 인문학적 느낌을 더해보자. 해를 거듭할수록 경험은 이어져 안목은 넓어지고 깊어질 터이다. 흥미와 심도를 더해가니 삶의 중심 또한 굳건해진다. 성취감과 행복감은 깊이를 더한다.

그래! 자연의 이야기를 세상에 열어 보이자!"

# 에필로그

이 부장의 걸음이 조금은 빨라졌다.

어제 걷던 시냇가의 풍경이 눈앞에 어른거렸다.

흰뺨검둥오리와 올망졸망한 새끼들.

어미를 따라 서툰 몸짓으로 고개를 처박고

무언가를 헤집는 시늉이 생각만 해도 우습다.

"호수 초입에선 오늘도 왜가리가 물고기 사냥을 하고 있을까?

시냇가 비탈에 노~오란 애기똥풀은 꽃망울을 터트렸을까?

엊그제만 해도 하얀 솜털이 수북한 채로

꽃대만 올라왔었는데 ……."

중얼거리며 걸음을 재촉하던 이 부장.

언제 그랬느냐는 듯 걸음을 멈춘다.

꼬물꼬물 올라오는 꽃다지를 지나칠 수 없음이다.

상체를 잔뜩 낮추어 코를 풀숲에 들이댄다.

흙과 풀이 어우러진 향기가 풋풋하다.

살포시 다가온 봄볕이 더해진다.

바위 아래 양지에 핀 큰개불알풀꽃은 이제야 제 세상을 만났다.

길섶에 푸른 은하수 길을 열어 나그네를 맞는다.

순간, 뭇 생명의 생기가 이 부장의 가슴에 오롯이 전달된다.

거기에 미풍과 시냇물 소리가 실린다.

시냇가 생명의 순환은 멈춤이 없다.

오감이 열리는 순간이다.

다시 못 올 순간이며 찰나의 영원함이다. 아름다움이다.


\* \* \* \* \* \* \*

유비백세-有備無患 百歲無難

'밑짐'의 형체를 찾아 환호하던 그해 ······.

겨울을 채 다 보내기도 전 남도로 달렸다.

청산도!

완도에서 배로 한 시간 가까이 남으로 가 닿은 곳,

그곳에서 평소 접해보지 못했던 풀꽃과 자연풍광을 만났다.

그때 그의 머리에 확연하게 다가오는 '그 무엇'이 있었다.

자연 이야기를 글로 엮는 작업!

평생에 '나'로 살 수 있겠다는 믿음이 확~ 들어 왔다.

굳은 맹약처럼, 남도 여행의 기억은 그렇게 가슴에 새겨졌다.

그리고 열 번의 해가 오고갔다.


자연!

눈과 귀를 열고 천천히 걸으면

조금씩, 아주 조금씩 다가온다.

마음을 내려놓아야 비로소 보이는 것들이다.

오감이 열리는 순간,

가슴 가득 행복감이 차오른다.

감사와 설렘으로 하루를 기다리고 또 보낸다.

---

☞ 지금 이 부장은?

아내와 고향에서 전원을 즐긴다. 별채가 있어 가끔은 자연을 찾는 손님을 받는다. 지난 10년, 전국 도보 여행과 자연 산책을 통해 3권의 책을 출간했다. 독서 - 여행-산책-관찰-인문학적 성찰-정리-글쓰기의 결과다. 주제별 담론은 강물처럼 이어진다. 몸과 맘이 허락하는 만큼···. 연말이면 『남도 비렁길』이 출간될 예정이다.

# 유비백세 有備百歲

당신은 어떻게 100세 시대를 준비하고 있습니까?

초판 1쇄 발행 | 2023년 3월 1일

| | |
|---|---|
| 지은이 | 유지수 윤소정 황순유 송하영 이호경 김경태 부정필 황운연 |
| 펴낸이 | 안호헌 |
| 에디터 | 윌리스 |

| | | |
|---|---|---|
| 펴낸곳 | 도서출판 흔들의자 | |
| | 출판등록 | 2011. 10. 14(제311-2011-52호) |
| | 주소 | 서울특별시 서초구 동산로14길 46-14. 202호 |
| | 전화 | (02)387-2175 |
| | 팩스 | (02)387-2176 |
| | 이메일 | rcpbooks@daum.net(원고 투고) |
| | 블로그 | http://blog.naver.com/rcpbooks |

ISBN 979-11-86787-51-9  13190